CUENTOS DEL MAR

RELATOS, POEMAS Y CANCIONES DEL MAR

CUENTOS DEL MAR

RELATOS, POEMAS Y CANCIONES DEL MAR

Compilados por Cooper Edens

editorial juventud
Barcelona

A la memoria de Cecil La Serpiente de Mar Mareada,
y del Capitán Huff 'n' Puff. –C. E.

Título original: SEA STORIES
 Publicado originalmente en inglés por Chronicle Books LLC, San Francisco, California, EE.UU. El editor agradece el permiso de reproducción de las siguientes obras:

«Puff the Magic Dragon» («Puff el dragón mágico») de Peter Yarrow y Leonard Lipton. © 1963. Renovado en 1991 por Silver Dawn Music. Cortesía de Pepamar Music.

«When the Ship Comes In» («La hora en que llegue el barco») de Bob Dylan © 1963. Cortesía de Warner Bros Inc.

The Old Man and the Sea (El viejo y el mar) de Ernest Hemingway. © 1952. Renovado en 1968 por Muriel Hemingway. Cortesía de Seawest Inc.

Little Toot (El Pequeño Bocina) de Hardie Gramatky © 1939. Fragmento del texto e ilustración reproducidos con el permiso de The Putnam & Grosset Group, Nueva York.

«Under the Boardwalk» («Bajo el muelle») de Arthur Resnick y Kenny Young. ©1964. Cortesía de Hudson Bay Music Co.

Peter Pan de Sir J. M. Barrie © 1904. Renovado en 1995 por Great Ormond Street Hospital Children's Charity. Cortesía de Great Ormond Street Hospital for Children.

© de las traducciones españolas:

p. 14: Alicia a través del espejo, Barcelona, Juventud, 2006. Traducción de Marià Manent; *p. 18: Peter Pan y Wendy,* Barcelona, Juventud, 2004. Traducción de María Luz Morales; *p. 21: Las mil y una noches*, Barcelona, Juventud, 2006. Traducción Alfonso Nadal; *p. 33:* «Historia de Piratas», *Jardín de versos para niños,* Madrid, Hiperión, 2002. Traducción de Gustavo Falaquera; *p. 34: El viejo y el mar,* Instituto Cubano del Libro, La Habana, Editorial de Ediciones Especiales. Traducción de L. Novas Calvo; *p. 46:* «¿Adónde van los barcos?», *Jardín de versos para niños,* Madrid, Hiperión, 2002. Traducción de Gustavo Falaquera; *p. 50:* «Ronda de niños» © Gabriela Mistral; *p. 55:* «Fiesta en el mar» © Andrés Díaz Marrero, 2007; *p. 61: Los niños del agua,* Barcelona, Obelisco, 2002. Traducción de Bernat Pujadas; *p. 65:* Traducción de Jorge de Montemayor; *p. 71: Cuentos de Andersen*, Barcelona, Juventud, 2007. Traducción de Alfonso Nadal; *p. 85:* «Botella a la mar». © Mario Benedetti, c/o Guillermo Schavelzon & Asoc., Agencia Literaria (info@schavelzon.com); *p. 89: Peter Pan y Wendy,* Barcelona, Juventud, 2004. Traducción de María Luz Morales; *p. 92:* «Mi cama es un velero» poema traducido y adaptado por Yanitzia Canetti; *p. 98: Moby Dick*, Barcelona, Juventud, 2006. Traducción de José Fernández Z; *p. 102: Robinson Crusoe*, Barcelona, Juventud, 2004. Traducción de Aurora Bertrana; *p. 114: Alicia en el País de las Maravillas*, Barcelona, Juventud, 2003. Traducción de Juan Gutiérrez Gili; *p. 117: La isla del tesoro*, Barcelona, Juventud, 2005. Traducción de José Torroba; *p. 123:* «La niña que se va al mar», *Marinero en tierra,* © Rafael Alberti, 1924. El alba del alhelí, S. L.; *p. 133: Las aventuras de Pinocho*, Barcelona, Juventud, 2003. Traducción de María Teresa Dini; p. 140: un fragmento del poema «Elegía del niño marinero», *Marinero en tierra,* © Rafael Alberti, 1924. El alba del alhelí, S. L. La traducción de las páginas 9-13-16-17-24-25-42-53-54-57-58-64-68-69-70-78-87-93-96-107-108-109-110-130-131-113 ha sido realizada por Beatriu Cajal Blasco. Las traducciones no mencionadas han sido realizadas por el equipo editorial de Editorial Juventud, 2008.

Provença, 101 - 08029 Barcelona
info@editorialjuventud.es
www.editorialjuventud.es

Primera edición en esta colección, 2008
ISBN 978-84-261-3682-4
Depósito legal: B. 24.745-2008
Núm. de edición de E. J.: 12.037
Printed in Spain
A.V.C. Gràfiques, Avda. Generalitat, 39 Sant Joan Despí (BCN)

Prefacio

Querido lector, perdona mi satisfacción, pero siempre he querido formar parte de la tripulación del *Nautilus:*

COOPER EDENS: Usted ama el mar, ¿no es así, capitán Nemo?

CAPITÁN NEMO: *«¡Sí, lo amo! El mar lo es todo. Cubre siete décimas partes del globo. Su olor es puro y sano. Es un inmenso universo donde el hombre nunca está solo, ya que puede sentir la vida temblando sobre él. El mar es sólo un receptáculo para todas las cosas prodigiosas, sobrenaturales, que existen en su interior; es únicamente movimiento y amor; es el vivo infinito. Y, de hecho, está compuesto por los tres reinos de la naturaleza (el mineral, el vegetal y el animal). El mar es una enorme reserva natural. ¡El mundo, por decirlo de algún modo, comenzó con el mar, y quién sabe si también acabará en el mar! Allí reside la tranquilidad suprema.»*

El mar es verdaderamente impresionante, y a esta lista de sus virtudes, dejadme añadir a los grandes autores e ilustradores que han escrito y han retratado sus maravillas. Julio Verne, Robert Louis Stevenson, Lewis Carroll, Herman Melville, Daniel Defoe, Sir J. M. Barrie, Rudyard Kipling, Ernest Hemingway, Jessie Willcox Smith, Margaret Tarrant, los hermanos Robinson, Charles y Heath, Maxfield Parrish y Maria Kirak han expresado en sus trabajos su gran amor por el mar.

Estoy contento de haber reunido todo este océano de tesoros, y espero que el lector lo encuentre tan variado, tan hermoso y tan fascinante como el mar. Ahora, Capitán Nemo, si usted me lo permite, me gustaría revisar el *Nautilus.*

COOPER EDENS

Índice

La leyenda de la Atlántida

La primera mención de la isla de la Atlántida apareció en el año 300 a.C, en dos libros de Platón. Contaba este filósofo griego la historia de una brillante civilización que existió una vez en la Atlántida. Pero según la leyenda, la isla y sus habitantes se hundieron misteriosamente en el mar, y nunca más fueron vistos.

Más tarde, las historias de Platón sobre la Atlántida fascinaron a mucha gente. Se han propuesto varias teorías sobre la localización de la isla y sobre cómo desapareció, y numerosas expediciones han tratado de encontrar sus ruinas. La mayoría de científicos cree que la isla de Thera, que desapareció casi completamente durante una erupción volcánica, constituye la base histórica para la leyenda. Otros piensan que la Atlántida era un continente que se encontraba entre Europa y América de Norte. Sea cual sea la verdad, la leyenda de la Atlántida continúa fascinando a la gente con la idea de la tierra perdida en el fondo del mar.

La Morsa y el Carpintero

(Fragmento)

DE LEWIS CARROLL

El sol resplandecía sobre el mar.
¡Qué luz y qué derroche!
Parecían las olas, al brillar,
diamantes en un broche.
Y era un suceso más que singular,
pues ocurría en medio de la noche.

Esparcía la luna huraña luz,
pensando, muy enhiesta,
que, al acabarse el día, debe el sol
echar su buena siesta.
«¡Qué grosería –dijo–, estarse aquí
y aguarme así la fiesta!»

[…]

Paseaba la Morsa por allí,
en pos del Carpintero.
Lloraban viendo arena por doquier,
Como si arena fuese el mundo entero;
y decían «¡Por verla yo barrer
daría mi dinero!».

[…]

«¡Pues venid de paseo, Ostras, venid!»,
les invitó la Morsa amablemente.
«Un paseo agradable y el olor
salado del relente;
os daremos la mano, si queréis:
a cuatro solamente.»

La mayor de las Ostras la miró,
pero nada decía;
le guiñó un ojo y luego denegó
con la cabeza fría;
quiso decir con ello que dejar
su concha no quería.

Mas cuatro jovencitas, con afán,
acuden, las pazguatas:
lavado el rostro y el calzado tan
limpio como las batas;
y era muy raro, pues, como sabéis,
no tienen pies ni patas.

Cuatro Ostras las siguen y después
van cuatro en pos de aquéllas;
y más y más acuden en tropel,
como lluvia de estrellas,
y hacia la orilla brincan desde el mar,
entre espuma y querellas.

Cosa de media milla caminó
el carpintero así; con él, tranquila,
la Morsa en una roca se sentó,
que junto al mar vigila,
y las pequeñas Ostras por allí
esperaban, en fila.
Dijo la Morsa: «Tiempo es ya de hablar
sobre las cosas buenas y las malas:
zapatos, barcos, cera de sellar,
reyes, coles, zagalas;
de si está hirviente el agua de la mar
y si hay cerdos con alas».

«¡Mas antes de la charla, esperaréis!»,
exclamaron las Ostras. «Sin aliento
estamos casi, pues nos engordó
el mar, nuestro sustento.»
«¡No hay prisa!», el Carpintero comentó.
Y todo el mundo pareció contento.

Dijo la Morsa: «Un trozo de buen pan
¡qué rico estará ahora, por mi vida!
Y pimienta y vinagre nos darán
satisfacción cumplida…
Ahora, buenas Ostras, si queréis,
empiece la comida».

«¡Pero no nos comáis!» Y un poco azul
se les puso el color. «Después de tanto
complacernos, sería, de verdad,
motivo de quebranto.»
La Morsa dijo: «Está la noche en paz;
¿no os parece un encanto?»

«¡Qué amables habéis sido! ¡Qué bondad,
viniendo por la arena!»
El Carpintero dijo: «Corta más
tostada, que está buena.
Dos veces te lo he dicho. Sorda estás,
tan sorda que das pena».
«Parece una vergüenza –contestó
la Morsa– con sencilla
trampa traerlas lejos, hasta aquí,
trotando por la orilla.»
Y dijo el Carpintero: «Mira: al pan
le sobra mantequilla».

«Yo lloro por vosotras –dijo al fin
la Morsa– sin consuelo.»
Y cogía, entre amargo sollozar,
las gordas, con anhelo;
los anegados ojos ocultó
detrás de su pañuelo.

El Carpintero dijo: «¡Qué placer!
este paseo ha sido!
Ostras, ¿volvemos ya?» Le contestó
un silencio cumplido.
Y no era de extrañar: todas las Ostras
ya se habían comido.

El Pirata Barbanegra

Edward Teach, alias Barbanegra, fue uno de los más salvajes villanos en el mundo de los piratas. Se han explicado tantas historias sobre él que es difícil analizar los hechos, pero he intentado hacerlo lo mejor posible. Lo que es seguro es que aterrorizó mucho a la gente.

Edward Teach fue llamado Barbanegra porque su barba de color negro azabache le cubría la cara casi por entero, incluso hasta llegarle alrededor de los ojos. Aprovechó al máximo su aspecto feroz, retorciendo el final de sus cabellos en pequeñas coletas y colocándolas alrededor de las orejas. Colocaba una cuerda de cáñamo bajo su sombrero pirata y luego prendía fuego a los extremos. Cuando se enfrentaba a sus enemigos, las cuerdas dejaban escapar el humo, asustando a sus víctimas. Llevaba seis pistolas atadas al pecho y miraba tan fieramente a sus prisioneros que estos le creían el mismo diablo.

Barbanegra nació en Inglaterra hacia 1680 y de joven empezó su carrera como pirata legal. Impresionó a su primer capitán, Benjamin Hornigold, que no perdía el tiempo esperando a que sus víctimas se quitasen los anillos; simplemente, les cortaba los dedos y se los metía en el bolsillo. Cuando finalmente capturaron un balandro, Barbanegra fue nombrado capitán.

Un incidente ilustra el comportamiento malsano de Barbanegra. Mientras una noche bebía con un amigo en la cabina del barco, sacó repentinamente una pistola. Por debajo de la mesa, Barbanegra disparó al otro hombre en la rodilla, dejándolo lisiado de por vida.

–¿Por qué hirió a su amigo? –le preguntó más tarde un miembro de la tripulación.

–Si no lo hubiera hecho –se dice que respondió Barbanegra–, olvidaríais quién soy.

Finalmente, los campesinos y mercaderes que habían sufrido grandes pérdidas debido a los atracos de Barbanegra, se hartaron. Sabiendo lo corrupto que era el Gobernador de Carolina del Norte, pidieron ayuda al Gobernador Spotswood, de Virginia. Envió dos barcos armados con tripulación inglesa para capturar a los piratas.

Las dos fuerzas se encontraron en Ocracoke Inlet, fuera de la costa de Carolina del Norte, en noviembre de 1718. Un costado del buque insignia de Barbanegra, que tenía cuarenta cañones, inutilizó un balandro. Cuando el humo de la artillería se hubo despejado, Barbanegra movió el barco hacia otro balandro y saltó a bordo junto a catorce de sus hombres. Comenzó una violenta lucha cuerpo a cuerpo, con sables y pistolas. Casi todos los hombres estaban bañados en sangre cuando el oficial del barco, el teniente Robert Maynard, se enzarzó en una pelea con Barbanegra. El líder pirata disparó sus seis pistolas mientras los sables caían sobre él. Aún habiendo recibido veinte heridas de sable y cinco disparos, Barbanegra continuó luchando hasta que uno de los hombres de Maynard le cortó la cabeza con su espada. Cuando vieron que habían perdido a su líder, los piratas supervivientes se rindieron o se lanzaron al mar.

Según las órdenes del teniente Maynar, la cabeza barbuda del pirata fue suspendida en el bauprés del barco. Cuando el horripilante trofeo se divisó desde el puerto, la multitud rugió agradecida.

Peter Pan

(Fragmento del capítulo «La Laguna de las Sirenas»)

DE SIR J. M. BARRIE

Si cerráis los ojos podréis acaso alguna vez tener la dicha de ver un estanque de forma vaga y bellísimo color suave, suspendido en la oscuridad; si entonces apretáis bien los párpados, el estanque empieza a tomar forma y los colores llegan a ser como de fuego, pero antes de que este fuego se encienda veréis la laguna. Ésta es la visión más cercana que se puede llegar a tener de la laguna y será tan sólo por un divino momento. Si pudiera durar dos momentos, veríais la resaca y oiríais el canto de las sirenas.

En los largos días de verano los niños paseaban con frecuencia sobre esta laguna nadando o flotando y jugaban a los juegos de las sirenas dentro del agua. No imaginéis por eso que las sirenas tenían con ellos cordial amistad; por el contrario, entre los pesares de Wendy se contaba el de que, en todo el tiempo que llevaba en la isla, no había podido obtener ni una palabra amable de ninguna de las sirenas. Cuando se acercaba, despacio, al borde de la laguna, Wendy veía cientos de sirenas, especialmente sobre la Roca de los Abandonados, donde gustaban de peinar sus cabellos, con tanta lentitud, que indignaba a la activa niña. Podría entonces nadar Wendy disimuladamente hasta llegar a unos cuantos pasos de ellas, pero, en cuanto las sirenas la veían, se sumergían haciendo lo posible por azotarla con sus colas, no por casualidad, sino intencionadamente.

Trataban del mismo modo a todos los niños, excepto, naturalmente, a Peter Pan, que charlaba con ellas en la Roca de los Abandonados a la hora del peinado, y se sentaba sobre sus colas cuando se ponían muy fastidiosas. Peter Pan fue quien dio a Wendy unos de los peines de las sirenas. […]

Iba Wendy, no obstante, a la laguna con mucha frecuencia en los días en que, después de la lluvia, salía el sol, que era cuando las sirenas subían en gran número a jugar con las burbujas. Éstas son pompas de varios colores formadas del mismo arco iris y que las ninfas se arrojan unas a otras como si fueran pelotas, tratando de conservarlas siempre en el arco iris hasta que se deshacen. […] A veces juegan a un tiempo sobre la laguna más de cien sirenas y no puede imaginarse espectáculo más delicioso.

Simbad el Marino

(Adaptación del cuento «El segundo Viaje», Las mil y una noches)

Después de mi primer viaje, vivía muy regaladamente en Bagdad hasta que un día sentí el anhelo de viajar a tierras desconocidas por el placer de ir conociendo los países e islas de este mundo. Decidí partir en seguida y tomando una cantidad importante de dinero, compré géneros y objetos propios para el tráfico. Luego hallé una hermosa nave de numerosa tripulación, embarqué mis mercaderías y aquel mismo día nos dimos a la vela.

Íbamos de mar en mar y de isla en isla y en cada puerto comprábamos o cambiábamos mercancías. Así continuamos el viaje hasta que arribamos a una hermosa isla llena de frutales y desierta. Yo desembarqué con los compañeros y me senté junto a una fuente de agua cristalina. No tardé en quedarme dormido. Al despertar, vi con el natural disgusto que el patrón me había olvidado y la nave había partido dejándome solo en la isla.

Me encontré con sólo lo que llevaba puesto en un estado de desolación y de desesperante abandono.

Al cabo de un rato me levanté, y después de andar un poco por la isla, subí a la copa de un árbol desde no descubrí más que agua y cielo, árboles y pájaros, islas y arenas. Pero, observando bien, divisé un objeto blanco de grandes dimensiones que se destacaba claramente a lo lejos. Bajé del árbol y emprendí la marcha en aquella dirección. Y he aquí que me encontré ante una inmensa cúpula blanca. La examiné dando una vuelta pero no descubrí puerta alguna ni me fue posible subir a ella, porque era demasiado lisa la superficie.

De pronto se nubló el cielo y se ocultó el sol. Al levantar los ojos, vi un pájaro de extraordinaria corpulencia que se acercaba volando y que era lo que tapaba el sol y oscurecía la isla. Entonces recordé la historia que me habían contado los viajeros: hay en ciertas islas un pájaro de enorme tamaño, llamado roc, que alimenta a sus polluelos con elefantes. Ya no me cupo duda alguna de que aquella cúpula era un huevo de roc.

El pájaro se abatió sobre la cúpula y cubriéndola con sus alas durmió empollando el huevo. Me levanté resuelto, me quité el turbante, lo retorcí como

una cuerda y me até con él a una pata del pájaro, sujetándome bien por la cintura, mientras me decía: «¿Acaso me llevará este pájaro a una tierra habitada, y siempre será eso mejor que permanecer en esta isla desierta?».

Con la primera luz de la aurora, se incorporó el pájaro y levantó el vuelo, llevándoseme. Me elevó a gran altura y luego fue descendiendo poco a poco hasta llegar a tierra conmigo. Apenas toqué el suelo, me desprendí de su pata y me aparté corriendo. El roc cogió un objeto del suelo entre sus garras y se lanzó al espacio. Vi que se llevaba una serpiente de enorme corpulencia, con la que pronto se perdió sobre la inmensidad de los mares.

Paseé una mirada de inspección en el lugar en que me hallaba, y fue que era un profundo y espacioso valle, cerrado por montañas cuya altura no podía subir porque eran demasiado escarpadas.

Me levanté y bajé a lo hondo del valle, y he aquí que el suelo estaba cubierto de magníficos diamantes. [...] Caminaba por un extremo del valle, cuando, de pronto, cayó muy cerca de mí una res muerta y desollada. Miré a todas partes y no vi nada que me explicase la razón de aquello; mas recordé una historia que me habían contado comerciantes y viajeros, según la cual las montañas de diamantes están envueltas de horrorosos peligros; tantos que nadie es capaz de llegar adonde están los diamantes. Para obtener estas piedras, los comerciantes se sirven de una ingeniosa estratagema: cogen un cordero, lo descuartizan, y tiran la carne al fondo del valle, y como la carne está fresca y jugosa, los diamantes se incrustan en ella. Los comerciantes la dejan allí hasta que grandes pájaros descienden al valle y, cogiendo la carne entre sus garras, la transportan a la cima de la montaña, donde los comerciantes asustan a gritos a los pájaros para ahuyentarlos. Entonces cogen los diamantes y se los llevan a su país dejando la carne para pasto de los animales.

Por tanto, cuando vi aquel animal descuartizado y recordé la historia, me puse a recoger los diamantes, hasta que llené mi bolsa. Mientras hacía esto, otro cuarto de res cayó a mi lado. Me até a ella con mi turbante agarrándome bien. Inmediatamente descendió un enorme pájaro que se arrojó sobre aquella presa agarrándola con las garras, y se la llevó volando sin importarle mucho el peso que yo añadía. Llegó a la cima de la montaña donde se detuvo, y casi al mismo tiempo se oyeron gritos estentóreos allí cerca y una estaca cayó con estruendo a los pies del pájaro, que se asustó y se alejó volando.

Cuando me desaté del trozo de carne, el comerciante que había gritado para espantar al pájaro, se acercó y me vio al lado del enorme tasajo. Se quedó atónito al ver que en la carne no había ningún diamante.

–¿Quién eres tú –exclamó– que me has causado esta desgracia?

–¡No temas ni te lamentes! –le contesté–. Soy un comerciante como tú, y tengo diamantes en abundancia para resarcirte de los que has perdido por mi causa.

Él me dio las gracias y conversó conmigo, y he aquí que otros comerciantes, viendo a su compañero en tranquila conversación conmigo, se acercaron a saludarme. Les referí mi historia, diciéndoles los sufrimientos que había pasado durante el viaje. Luego di al propietario de la res desollada algunos de los diamantes que había recogido en el valle, y pasé la noche con aquellos comerciantes, lleno de alegría por haberme escapado de las serpientes.

Al día siguiente, emprendimos la marcha juntos, y llegamos a una ciudad donde cambié algunos diamantes por algunas mercaderías y oro y plata, después de lo cual viajé de país en país hasta que llegué a Bagdad, la mansión de la paz. Entré en mi casa con gran cantidad de diamantes, de dinero y de preciosos géneros. Hice ricos presentes a mi familia y a mis conocidos, y celebrando mi llegada con amigos, olvidé cuánto había sufrido. Ya sabéis, pues, lo que me sucedió en el segundo viaje.

El monstruo del lago Ness

Mucha gente ha afirmado haber visto este animal en las misteriosas aguas del lago Ness y existe una fotografía muy borrosa, supuestamente del monstruo, tomada en 1933.

El monstruo del lago Ness es un animal grande y legendario que, según alguna gente, vive en el lago, un mar interior (mucho tiempo atrás conectado con el Mar del Norte), que se encuentra en el norte de Escocia. Centenares de personas sostienen haber visto al animal, que es conocido por Nessie. Según las descripciones más comunes, la criatura tiene aletas y una o dos jorobas, una cola gruesa y un cuello largo y esbelto. Algunos observadores piensan que el monstruo del lago Ness puede ser un predecesor de los dinosaurios. Otros creen que se parece más a un manatí o a una foca.

Algunas expediciones científicas han explorado las aguas del lago Ness y ninguna ha obtenido evidencias de la existencia de Nessie, todavía. En el 2003, un equipo de exploradores fundado por la British Broadcasting Corporation llevó a cabo una extensa investigación mediante un sofisticado equipo de sónar para detectar objetos bajo el agua. La investigación no reveló la existencia de ningún animal parecido al monstruo. Sin embargo, el misterio del monstruo continúa atrayendo a muchos turistas al lago Ness.

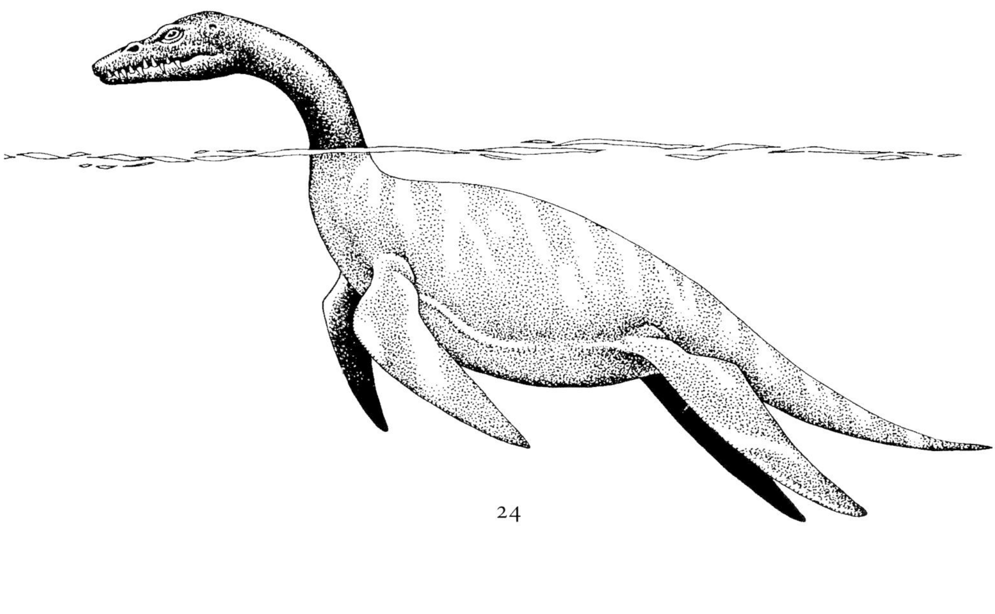

Bajo el muelle

DE ARTHUR RESNICK Y KENNY YOUNG

Cuando el sol pica y derrite el alquitrán,
y tus zapatos queman tanto que quisieras tener unos pies a prueba de fuego,
bajo el muelle que lleva al mar,
en una toalla, con mi chica estaré.

Desde el parque se oye el alegre sonido del carrusel,
casi puedes saborear los perritos calientes y las patatas fritas que allí venden,
bajo el muelle que lleva al mar,
en una toalla, con mi chica estaré.

Bajo el muelle, lejos del sol,
bajo el muelle nos divertiremos,
bajo el muelle, la gente andando alrededor,
bajo el muelle nos enamoraremos,
bajo el muelle, bajo el muelle.

La hora en que llegue el barco

(Fragmento)

DE BOB DYLAN

Oh, llegará un día en que los vientos cesarán,
y la brisa dejará de soplar.
Como la quietud del viento antes de que llegue el huracán,
la hora en que llegue el barco.

Se abrirán los mares y el navío encallará,
la arena de la costa se agitará.
La marea resonará y el viento golpeará
al despuntar el alba.

Oh, los peces reirán mientras se alejen nadando
y sonreirán las gaviotas
y las rocas se erguirán con orgullo.
La hora en que llegue el barco.

Y estas palabras para intentar confundir el barco
no serán entendidas al ser pronunciadas
porque las cadenas del mar habrán reventado en la noche
y quedarán enterradas en el fondo del océano.

20.000 leguas de viaje submarino

(Fragmentos del capítulo «Un bosque submarino»)

DE JULES VERNE

En 20.000 leguas de viaje submarino, *el profesor Arromax (el narrador) y sus amigos Consejo y Ned Land son echados por la borda y salvados/capturados por el capitán Nemo, el inventor de un asombroso submarino llamado* Nautilus.

Habíamos llegado por fin al borde de ese bosque, sin duda uno de los más hermosos de los inmensos dominios del capitán Nemo. [...] Aquella selva se componía de grandes plantas arborescentes, y apenas penetramos bajo sus amplias bóvedas, me atrajo la mirada una singular disposición del ramaje, disposición que no había yo notado hasta entonces.

Ninguna de las hierbas que tapizaban el suelo, ninguna de las ramas que erizaban los arbustos, se arrastraba, o se encorvaba o se extendía en plano horizontal: todas subían hacia la superficie del océano. [...] Observé que todas esas plantas se fijaban al suelo muy superficialmente. Desprovistas de raíces, indiferentes al cuerpo sólido –arena, conchas, caparazones de moluscos o piedras– que las soporta, estas plantas no le piden más que un punto de apoyo, no la vitalidad. Estas plantas no proceden más que de sí mismas, y el principio de su existencia está en el agua que las sostiene y las alimenta. En lugar de hojas, la mayoría de ellas formaban unas tiras de aspectos caprichosos, circunscritas a una restringida gama de colores: rosa, carmín, verde claro y oliva, rojo oscuro y marrón. [...]

A eso de la una, el capitán Nemo dio la señal de alto, con gran satisfacción mía, y nos tendimos bajo una glorieta de alarias cuyas largas y delgadas tiras se enderezaban como flechas. [...]

Después de cuatro horas de paseo, me admiró mucho no sentir un violento deseo de comer. [...] Pero, en cambio, experimenté unas inigualables ganas de dormir, como les ocurre a todos los buzos. De modo que se me cerraron los ojos detrás del espeso cristal y caí en invencible somnolencia que únicamente el movimiento de marcha hacia delante había conseguido dominar hasta entonces. El capitán Nemo y su acompañante, tendidos en el límpido cristal, nos daban el ejemplo del sueño.

Cuánto tiempo permanecí amodorrado, no pude calcularlo; pero cuando desperté me pareció que el sol bajaba hacia el horizonte. El capitán Nemo ya estaba de pie y yo comenzaba a desperezarme, cuando una inesperada presencia me hizo recobrar de un brinco la posición vertical.

A algunos pasos, una monstruosa araña de mar, de un metro de alto, me miraba con ojos torvos, lista para arrojarse sobre mí. Aunque mi traje de buzo fuera lo suficientemente grueso como para protegerme de las mordeduras del animal, no pude dominar un movimiento de horror. Consejo y el marinero del *Nautilus* despertaron en ese momento. El capitán Nemo le señaló a su compañero el repugnante crustáceo, al que un culatazo derribó en seguida… […]

Supuse que aquel alto significaba el término de nuestro paseo pero, en lugar de volvernos al *Nautilus*, el capitán Nemo continuó su audaz excursión.

El suelo seguía en depresión, y la pendiente, marcándose cada vez más, nos llevaba a mayores profundidades. Debían de ser aproximadamente las tres cuando llegamos a un estrecho valle abierto entre altas paredes a pico y situado a unos ciento cincuenta metros de profundidad.

Gracias a lo perfecto de nuestros aparatos, sobrepasábamos así en noventa metros el límite que la naturaleza parecía haber impuesto hasta aquí a las excursiones submarinas del hombre.

He dicho ciento cincuenta metros aunque ningún instrumento me permitiera medir la distancia. Pero yo sabía que aun en los mares más transparentes los rayos solares no penetran más allá. Ahora, precisamente, la oscuridad se hizo profunda. No se distinguía ningún objeto a diez pasos. Yo avanzaba, pues, tanteando, cuando vi brillar súbitamente una luz blanca bastante viva. El capitán Nemo acababa de poner en actividad su aparato eléctrico. El marinero lo imitó. Consejo y yo seguimos su ejemplo. Haciendo girar un tornillo di contacto entre la bobina y la serpentina de vidrio, de modo que el mar, alumbrado por nuestras cuatro linternas, se iluminó en un radio de veinticinco metros.

En fin, hacia las cuatro, la maravillosa excursión acabó. Un muro de soberbias rocas, y de masa imponente se interpuso ante nuestro paso, como una acumulación de bloques gigantescos, enorme acantilado de granito perforado de grutas oscuras […].

Comenzó el regreso. El capitán Nemo había vuelto a encabezar el reducido grupo, sin vacilar en la dirección. Creí ver que no tomábamos el mismo camino para la vuelta al *Nautilus*. La nueva ruta, muy áspera y por consiguiente más penosa, nos acercaba sensiblemente a la superficie del mar. [...]

Rápidamente volvió a aparecer la luz, fue creciendo, y como el sol ya se hallaba bajo en el horizonte, la refracción bordeó otra vez los diversos objetos con un anillo espectral.

A los diez metros de profundidad caminábamos por entre un enjambre de pececillos de toda especie, más numerosos que los pájaros en el aire, más ágiles también...

Otro efecto notable era el causado por el paso de espesas nubes que se formaban y se desvanecían rápidamente. Pero al reflexionar en ello, comprendí que las supuestas nubes no eran debidas sino al espesor variable de las olas de fondo, cuyas crestas se deshacían en espuma agitando las aguas. No escapaba tan siquiera a mi percepción el rápido paso por la superficie del mar de la sombra de las aves en vuelo sobre nuestras cabezas. [...]

Media hora después, guiados por el reguero eléctrico, llegamos al *Nautilus*. [...] Allí nos quitamos las ropas de buzo no sin algún trabajo y, muy fatigado, cayéndome de inanición y de sueño, me dirigí a mi habitación, maravillado por la estupenda excursión al fondo de los mares.

Historia de Piratas

DE ROBERT LOUIS STEVENSON

Hemos navegado por el prado entre las olas,
somos tres a bordo en el cesto de lavar.
Hace muy buen tiempo, vamos con viento de popa,
y en el prado hay olas como hay olas en la mar.

¿Qué rumbo pondremos? ¿Cruzaremos los océanos
a merced del viento y de la estrella polar?
¿Llegaremos a África a bordo de este barco,
hasta Babilonia, o quizá hasta Malabar?

¡Ojo! hay una escuadra disponiéndose al ataque:
Las vacas del prado mugen antes de cargar.
¡Rápido, escapémonos, que el peligro es muy grande!
En el puerto del jardín podremos atracar.

El viejo y el mar

(Fragmento)

DE ERNEST HEMINGWAY

El viejo y el mar *trata de un pescador que captura un pez espada tan grande, que para sacarlo del agua, necesita varios días de grandes esfuerzos. Una verdadera lucha entre el pescador y el pez.*

El sol estaba saliendo por tercera vez desde que se había hecho a la mar, cuando el pez empezó a dar vueltas.

El viejo no podía ver, por el sesgo del sedal, que el pez estaba girando. Era demasiado pronto para eso. Sentía simplemente un débil aflojamiento de la tensión del sedal y comenzó a tirar de él suavemente con la mano derecha. Se tensó, como siempre, pero justo cuando llegó al punto en que se hubiera roto, el sedal empezó a ceder. El viejo sacó con cuidado la cabeza y los hombros de debajo del sedal, y empezó a recogerlo a un ritmo constante y con cuidado. Usaba las dos manos sucesivamente, balanceándose y tratando

de efectuar la tracción, lo más posible, con el cuerpo y con las piernas. Sus viejas piernas y sus hombros giraban con la cadencia de la tracción.

–Es un ancho círculo –dijo–. Pero está girando.

Luego el sedal terminó de ceder, y el viejo lo sujetó hasta que vio que empezaba a soltar las gotas al sol. Luego empezó a correr, y el viejo se arrodilló y lo dejó ir nuevamente, a regañadientes, al agua oscura.

–Ahora está haciendo la parte más lejana del círculo –dijo.

«Debo aguantar todo lo que pueda –pensó–. La tensión acortará su círculo cada vez más. Es posible que lo vea dentro de una hora». [...]

Pero el pez seguía girando lentamente y, dos horas después, el viejo estaba empapado en sudor y fatigado hasta la médula pero los círculos eran mucho

más cortos; y, por la forma en que el sedal se sesgaba, podía apreciar que el pez había ido subiendo mientras giraba.

Durante una hora, el viejo había estado viendo puntos negros ante los ojos [...] Eran normales con la tensión con que estaba tirando del sedal. Dos veces, sin embargo, había sentido vahídos y mareos, y eso le preocupaba. [...]

–No saltes, pez –dijo–. No saltes. [...]

Ahora el viejo estaba ganando sedal gradualmente. Pero de nuevo sintió un vahído. Cogió un poco de agua del mar con la mano izquierda y se mojó la cabeza. Luego cogió más agua y se frotó la parte de atrás del cuello.

–No tengo calambres –dijo–. El pez estará pronto arriba y tengo que resistir. Tienes que resistir. No hay ni que decirlo.

Se puso de rodillas contra la proa y, por un momento, deslizó de nuevo el sedal sobre su espalda. «Ahora descansaré mientras él sale a trazar su círculo, y luego, cuando venga, me pondré de pie y lo trabajaré», decidió.

Era una gran tentación descansar en la proa y dejar que el pez trazara un círculo sin recoger sedal alguno. Pero cuando la tirantez indicó que el pez había virado para venir hacia el bote, el viejo se puso de pie y empezó a tirar en ese movimiento giratorio y de contoneo, hasta recoger todo el sedal ganado al pez. [...]

Fue en la tercera vuelta cuando vio al pez por primera vez. Lo vio primero como una sombra oscura que tardaba tanto tiempo en pasar bajo el bote, que el viejo no podía creer que fuera tan largo.

–No –dijo–. No puede ser tan grande.

Pero era tan grande, y al cabo de su vuelta salió a la superficie sólo a treinta yardas de distancia, y el hombre vio su cola fuera del agua. Era más alta que una gran hoja de guadaña, y de un color azul lavanda muy pálido sobre la oscura agua azul. Volvió a hundirse, y mientras el pez nadaba justamente bajo la superficie, el viejo pudo ver su enorme mole y las franjas purpurinas que lo ceñían. Su aleta dorsal estaba aplanada; y sus enormes aletas pectorales desplegadas a todo lo que daban. [...]

El viejo ahora estaba sudando, pero por algo más que por el sol. En cada vuelta que daba plácida y tranquilamente el pez, el viejo iba ganando sedal y estaba seguro de que en dos vueltas más tendría ocasión de clavarle el arpón.

«Pero tengo que acercarlo, acercarlo, acercarlo –pensó–. No debo apuntar a la cabeza. Tengo que metérselo en el corazón.

–Calma y fuerza, viejo –dijo.

En la vuelta siguiente, el lomo del pez salió del agua; pero estaba demasiado lejos del bote. En la siguiente vuelta, estaba todavía lejos, pero sobresalía más del agua, y el viejo estaba seguro de que cobrando un poco más de sedal habría podido arrimarlo al bote.

Había preparado su arpón mucho antes y su rollo de cabo ligero estaba en una cesta redonda, y el extremo estaba amarrado a la bita en la proa.

Ahora el pez se estaba acercando, tranquilo y bello, y sin mover más que su gran cola. El viejo tiró de él todo lo que pudo para acercarlo más. Por un instante el pez viró un poco sobre un costado. Luego se enderezó y emprendió otra vuelta.

–Lo moví –dijo el viejo–. Esta vez lo moví. [...]

Pero cuando puso en ello todo su esfuerzo, empezando a bastante distancia antes de que el pez se pusiera a lo largo del bote, y tirando con todas sus fuerzas, el pez giró en parte, y luego se enderezó, y se alejó nadando. [...]

«Me estás matando, pez –pensó el viejo–. Pero tienes derecho. Jamás en mi vida he visto cosa más grande, ni más hermosa, ni más tranquila, ni más noble que tú, hermano. Vamos, ven a matarme. No me importa quién mate a quién.

«Ahora se está confundiendo mi mente –pensó–. Tienes que mantener tu cabeza despejada. Mantén tu cabeza despejada y aprende a sufrir como un hombre. O como un pez», pensó. [...]

El viejo soltó el sedal y puso su pie sobre él, y levantó el arpón tan alto como pudo y lo lanzó hacia abajo con toda su fuerza, y más fuerza que acababa de crear, al costado del pez, justamente detrás de la gran aleta pectoral que se elevaba en el aire, a la altura del pecho de un hombre. Sintió que el hierro penetraba en el pez y se inclinó sobre él y lo forzó a penetrar más, y luego le echó encima todo su peso.

Luego, el pez cobró vida, con la muerte en la entraña, y se levantó del agua, mostrando toda su gran longitud y anchura y todo su poder y su belleza. Pareció flotar en el aire sobre el viejo que estaba en el bote. Luego cayó en el agua con un estampido que arrojó un reguero de agua sobre el viejo y sobre todo el bote.

El viejo se sentía desfallecer y estaba mareado y no veía bien. Pero soltó el sedal del arpón y lo dejó correr lentamente entre sus manos en carne viva, y cuando pudo ver, vio que el pez estaba de espalda, con su plateado vientre hacia arriba. [...] El viejo miró con atención en el intervalo de vista que tenía. Luego dio dos vueltas con el sedal del arpón a la bita de la proa y se sujetó la cabeza con las manos.

–Tengo que mantener clara la mente –dijo contra la madera de la proa–. Soy un hombre viejo y cansado. Pero he matado a este pez, que es mi hermano y ahora tengo que terminar la faena.

«Ahora tengo que preparar los lazos y la cuerda para amarrarlo al costado –pensó– [....] Tengo que prepararlo todo y luego arrimarlo y amarrarlo bien y encajar el mástil y largar vela de regreso.»

Margarita

(Fragmento)

DE RUBÉN DARÍO

Margarita está linda la mar,
y el viento
lleva esencia sutil de azahar;
yo siento
en el alma una alondra cantar;
tu acento:
Margarita, te voy a contar
un cuento:
Éste era un rey que tenía
un palacio de diamantes,
una tienda hecha de día
y un rebaño de elefantes,
un kiosco de malaquita,
un gran manto de tisú,
y una gentil princesita,
tan bonita,
Margarita,
tan bonita, como tú.

[...]

Tres hombres en una tina

DE MADRE OCA

Frota, frota sin cesar,
tres hombres en una tina están;
¿quiénes crees que pueden ser?
El carnicero, el panadero,
y el que velas sabe hacer.
Échalos fuera, ¡por bribones, los tres!

Los Patitos

(Canción infantil)

Los patitos en el agua
meneaban la colita
y decían uno al otro
¡ay qué agua tan fresquita!

La canción del viejo marinero

(Fragmento)

DE SAMUEL TAYLOR COLERIDGE

Según la tradición marinera, un albatros es señal de buena suerte para un barco. En este poema un marinero mata a un albatros que aparece a través de la niebla, y poco después el barco se queda inmovilizado. Los miembros de la tripulación cuelgan el ave muerta alrededor del cuello del marinero; esperan así demostrar que el único responsable fue él, pero el hecho de matar a un albatros trae muy mala suerte a todos los que están a bordo.

Y dijeron que yo había matado al pájaro
que hacía soplar el viento.
«¡Ah, desdichado, matar al pájaro
que hacía soplar el viento!»

Cayó la brisa, cayó el velamen,
más triste que el triste azar;
¡no hablábamos para no turbar
el silencio del mar!

En un cielo cálido de cobre,
al mediodía un sol de púrpura
encima del mástil estaba,
y no más grande que la luna.

Día tras día, día tras día,
sin olas ni viento, pasamos;
parecía una nave pintada
en un océano pintado. [...]

¡Qué malas miradas me echaban
jóvenes y viejos! ¡Oh, día maldito!
En vez de una cruz, aquel albatros
me colgaron del pecho.

¿Adónde van los barcos?

DE ROBERT LOUIS STEVENSON

[...]
Van flotando las hojas verdes,
barre espumas el viento.
Los barcos que yo he echado,
¿regresarán a puerto?

[...]

Muy lejos, río abajo,
a cien millas o más,
jugarán otros niños;
descubrirán mis barcos
y los recogerán.

La canción de la noche en el mar

DE RUBEN DARÍO

¿Qué barco viene allá?
¿Es un farol o es una estrella?
¿Qué barco viene allá?
Es una linterna tan bella...
¡y no se sabe adónde va!
¡Es Venus, es Venus la bella!
¿Es un alma o es una estrella?
¿Qué barco viene allá?
Es una linterna tan bella...
¡y no se sabe adónde irá!
¡Es Venus, es Venus, es Ella!
Es un fanal y es una estrella
que nos indica el más allá,
y que el amor sublime sella,
y es tan misteriosa y tan bella,
que en la noche deja su huella
¡y no se sabe adónde va!

(Océano Atlántico, 1906)

Puff el dragón mágico

DE PETER YARROW Y LEONARD LIPTON

Puff el dragón mágico vivía en el fondo del mar
y jugaba en la bruma otoñal en el país de Honah Lee,
el pequeño Jackie Paper amaba al pícaro Puff
y le llevaba cabos, lacre y otras cosas para jugar.

Juntos viajaban en un bote de velas ondeantes,
Jackie sentando en la gran cola del dragón.
Nobles reyes y príncipes se inclinaban a su paso
y los piratas se rendían cuando Puff gritaba sus nombres.

Un dragón vive para siempre, pero los niños crecen,
alas pintadas y anillos de gigantes cambian por otros juegos.
Una noche gris, Jackie Paper no vino más,
y Puff cesó sus rugidos de dragón valiente.

Abatido por la pena, sus escamas verdes perdió,
Puff no jugó más por el camino de cerezas.
Sin su buen amigo, no servía ser valiente,
y Puff el dragón poderoso, triste a su cueva regresó.

Ronda de niños

DE GABRIELA MISTRAL

¿En dónde tejemos la ronda?
¿La haremos a orillas del mar?
El mar danzará con mil olas
haciendo una trenza de azahar.
¿La haremos al pie de los montes?
El monte nos va a contestar.
¡Será cual si todas quisiesen,
las piedras del mundo, cantar!
¿La haremos, mejor, en el bosque?
La voz y la voz va a trenzar,
y cantos de niños y de aves
se irán en el viento a besar.
¡Haremos la ronda infinita!
¡La iremos al bosque a trenzar,
la haremos al pie de los montes
y en todas las playas del mar!

SAIDA

Leif Ericsson, hijo de Eric el Rojo

Hace más de mil años, los vikingos dominaban Noruega e Islandia. Las historias que se contaron durante siglos los describían como piratas feroces y guerreros que destruían ciudades y aterrorizaban a la gente armados con lanzas, hachas, ganchos, bolas y cadenas, flechas, escudos y catapultas para las piedras dentadas que lanzaban.

Descubrimientos recientes han probado que además de fieros, los vikingos eran valientes y creativos. Fabricaron hermosas naves de madera y navegaron en ellas más lejos que cualquier otro explorador de aquel tiempo, visitando y negociando con muchos países.

Eric Thorvaldsson fue conocido como Eric el Rojo por su brillante pelo rojizo y su larga barba pelirroja. Erik tenía mucho genio y hacia el año 985 mató a dos hombres en una lucha. Como castigo, fue desterrado de su hogar en Islandia. Navegó lejos y no fue visto durante años.

Regresó con historias de una nueva tierra más allá del mar, una tierra de verdes campos que Erik llamado Groenlandia. En aquel tiempo, Islandia se masificaba. Por ello algunos cientos de vikingos aceptaron ir a Groenlandia con Erik.

El hijo de Erik, Leif, creció en la colonia de Groenlandia y se convirtió en un buen marinero. Alrededor del año 997, Erik el Rojo decidió enviarlo a Noruega. La nave de Leif, cargada con regalos para el rey Olaf, llegó allí sin ningún percance. El rey Olaf estuvo encantado con los regalos.

Al año siguiente Leif Ericsson y su tripulación empezaron el viaje de retorno a Groenlandia. Fue un viaje duro con muchas tormentas. Cuando el cielo clareó, Leif no reconoció la tierra que tenía ante él. Se dio cuenta de que el barco había virado hacia el oeste de Groenlandia. Regresó al este, pero se prometió que algún día regresaría a explorar la nueva tierra.

Un tiempo después, y con unos treinta y cinco hombres más, Leif salió hacia lo desconocido. Después de navegar durante semanas con un fuerte viento, Leif avistó tierra. Ancló su nave y se dirigió a la orilla. Abundaban los prados y multitud de árboles y flores. Leif llamó a esta tierra Vinland, que significa «tierra de vides».

Se cree que Leif Eriksson alcanzó Vinland sobre el año 1000, unos 500 años antes de que Cristóbal Colón llegase al Nuevo Mundo. Naturalmente, no se ponen de acuerdo sobre el lugar exacto al que Leif llegó. Algunos piensan que Leif Eriksson llegó a la isla de Terranova, donde se han encontrado ruinas vikingas. Otros creen que navegó más lejos, hasta Nueva Inglaterra. Algunos historiadores creen que Leif llegó cerca de Cape Cod, en Massachussets. Cuando llegó el momento de que Leif regresara a Groenlandia, Erik el Rojo había muerto. Leif era ahora el soberano de Groenlandia. Nunca regresaría a Vinland.

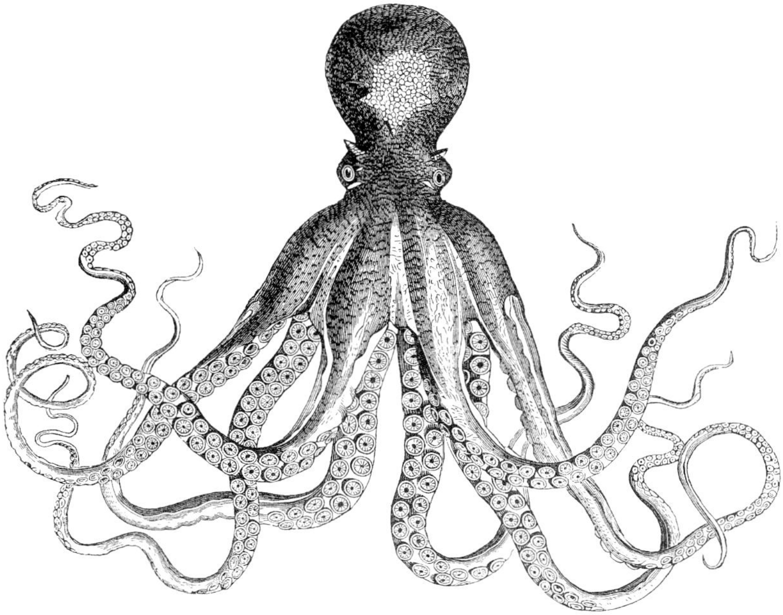

Fiesta en el mar

DE ANDRÉS DÍAZ MARRERO

Suenan caracolas,
flautas de coral.
Tocan los tambores,
pulpo y calamar.

Baila que te baila
en suave compás,
hay una estrellita
que brilla en el mar.

Mueve su ancha enagua
de blanco cancán
y a todos convida
con ella a bailar

Se fugó del cielo
en noche de San Juan
sin que se enterara
don Sol, su papá.

Pues, cuando se entere,
¡ya ustedes verán!,
que en la madrugada
la vendrá a buscar.

Jasón y los argonautas

Los mitos griegos se han explicado una y otra vez durante siglos. Muchos de ellos abarcan viajes, y el relato del viaje de los argonautas es largo y fascinante. Éste es solamente el principio:

El príncipe Jasón no perdió el tiempo y envió mensajeros a todas las ciudades de Grecia para anunciar que se marchaba a buscar el Vellocino de Oro. Necesitaría la ayuda de cuarenta y nueve jóvenes de los más valientes y fuertes para remar su barco y hacer frente a los peligros del viaje. El mismo Jasón sería el quincuagésimo.

Jóvenes aventureros de todo el país se dirigieron a Yolco, con la esperanza de poder tomar parte en la búsqueda. Algunos de ellos habían luchado ya con los gigantes, y matado dragones. Tenían posibilidades de vivir más aventuras antes de encontrar el Vellocino de Oro y le aseguraron a Jasón que no debería preocuparse por sus vidas, y que le ayudarían a remar hasta el confín más alejado del mundo, y tan lejos como él decidiera ir.

Muchos de esos valientes habían sido educados por Quirón, el centauro, y eran, por lo tanto, viejos compañeros de Jasón. El poderoso Hércules, que más adelante sostendría el cielo, era uno de ellos. Y estaban Cástor y Pólux, los gemelos; y Teseo, conocido por haber matado al Minotauro; y Linceo con sus maravillosos y agudos ojos, que podían ver a través de una piedra de molino o mirar hacia las profundidades de la tierra; y Orfeo, que cantaba y tocaba la lira con tanta fuerza que podía encantar a cualquier animal. Incluso podía hacer que el musgo se desprendiese de la tierra y que los árboles arrancasen sus raíces del suelo.

Jasón designó a Tiphys como timonel porque contemplaba las estrellas y conocía los puntos de la brújula. Linceo, gracias a su aguda vista, se apostaba como vigía en la proa, donde veía toda la navegación que tenía por delante. Linceo podía decir exactamente qué clase de rocas o de arena había en el fondo del mar por el que navegaban y a menudo avisaba a gritos a sus compañeros de que navegaban sobre un tesoro hundido que se hallaba tan hondo que no podía ser recuperado.

Aquellos cincuenta valientes aventureros fueron llamados argonautas, marineros del *Argo*, pero cuando los héroes quisieron partir, el barco se negó a moverse. Lo empujaron y tiraron de él, pero el *Argo* no se deslizó hacia el mar. Finalmente, cansados, se sentaron en la orilla.

Jasón se dirigió al mascarón de proa, una mujer tallada en la madera de un roble mágico de Dodoma.

–Hija del roble parlante –imploró–, ¿qué debemos hacer para que nuestro barco llegue al agua?

–Sentaos en vuestros puestos –respondió la imagen–, sostened vuestros remos, y dejad que Orfeo toque el arpa.

Los cincuenta héroes subieron inmediatamente a bordo y, tomando sus remos, los sostuvieron en el aire mientras Orfeo deslizaba suavemente sus dedos sobre la lira. A la primera nota sintieron que el barco se movía, y la galera resbaló hacia el mar, sumergiendo en él la proa y levantándose de nuevo con la majestuosidad de un cisne. Los remeros tomaron sus cincuenta remos, la blanca espuma emergió ante la proa, el agua burbujeó a su paso, el barco parecía bailar sobre las olas. Así, triunfante, navegó el *Argo* fuera del puerto para comenzar la aventura de los argonautas.

Los niños del agua

(Fragmento)

DE CHARLES KINGSLEY

En Los niños del agua, *Tom es un joven deshollinador transformado por arte de magia en una criatura del agua. Encuentra muchas criaturas en este cuento de rica fantasía. Aquí, conoce a dos nobles salmones.*

Menudo pez! Era brillante, plateado de la cola a la cabeza y con manchas carmesí aquí y allá; tenía una gran nariz de gancho, un gran labio curvado y un gran ojo brillante, que miraba a su alrededor con el orgullo de un rey y escudriñaba el agua a derecha e izquierda como si todo le perteneciera. Seguro que era el salmón, el rey de todos los peces.

Tom se asustó tanto, que deseó meterse en un agujero, aunque no hacía falta, pues los salmones son todos unos auténticos caballeros y, como verdaderos caballeros que son, tienen un aspecto muy noble y orgulloso. Transcurridos unos minutos, acudió otro; luego, cuatro o cinco, y así sucesivamente. [...]

Finalmente, se presentó uno que era mucho más grande que los demás, aunque se acercaba lentamente, se paraba, miraba hacia atrás y parecía muy angustiado y ocupado. Tom advirtió que ayudaba a otro salmón, uno especialmente bonito, que no tenía ni una mancha, sino que iba vestido de pura plata de la cola a la cabeza.

–Cariño –dijo el gran pez a su compañera–, pareces cansada y al principio no debes hacer un esfuerzo excesivo. Descansa un poco detrás de esta roca.

Y la acompañó con la nariz a la roca donde Tom estaba sentado.

Debes saber que se trataba de la mujer del salmón. Pues los salmones, como los auténticos caballeros, siempre escogen a su dama, la aman, le son fieles, cuidan de ella, trabajan para ella y se pelean por ella, como debe hacer todo auténtico caballero. No son como los vulgares cachos, carpas y lucios, que no tienen sentimientos elevados y no cuidan de sus esposas.

Entonces descubrió a Tom y lo miró ferozmente durante un instante, como si fuera a morderlo.

–¿Qué quieres? –preguntó con ferocidad.

–¡Eh, no me hagas daño! –gritó Tom–. Sólo quería mirarte. ¡Eres tan bonito!

–¿Cómo? –exclamó el salmón, muy majestuoso y muy educado–. Te ruego que me perdones. Ya veo lo que eres, querido mío; ya me he encontrado anteriormente con una o dos criaturas como tú, y me parecieron muy agradables y educadas. Sí, es verdad. Hace poco, una de ellas fue muy amable conmigo, a lo cual confío en poder corresponder. Espero que no nos hayamos entrometido en tu camino. Tan pronto como la dama haya descansado, continuaremos nuestro viaje. [...]

–Así pues, ¿hay niños en el mar? –gritó Tom y aplaudió con sus manitas–. Entonces, ¿voy a tener a alguien con quien jugar? ¡Qué maravilla!

–¿No había niños en este arroyo? –preguntó la dama salmón.

–¡No! ¡Y me he sentido tan solo! Ayer por la noche creí ver a tres, pero se marcharon al instante hacia el mar. Así que yo también fui, pues no tenía a nadie con quien jugar, salvo con las larvas de frigánea, las libélulas y las truchas.

–¡Puaj! —exclamó la dama asqueada–. ¡Qué compañía más baja!

–Cariño, si ha estado en baja compañía, seguro que no ha adquirido sus bajos modales –afirmó el salmón.

–Claro que no. Mi pobre pequeñín. ¡Qué triste ha debido de ser para él vivir entre gentuza como las larvas de frigánea, que tienen seis patas, las muy asquerosas, o como las libélulas! Por Dios, pero si ni siquiera son buenas para comer. Una vez las probé y están duras y vacías. En cuanto a las truchas, todo el mundo sabe lo que son y al decir eso curvó el labio, adoptando una actitud ostensiblemente desdeñosa. Su marido hizo lo mismo hasta parecer tan orgulloso como Alcibíades.

–¿Por qué tenéis tanta aversión a las truchas? –preguntó Tom.

–Cariño, ni siquiera las mencionamos, si podemos evitarlo, pues lamento decirte que son relaciones que no nos honran. Hace muchísimos años eran igual que nosotros. Pero eran tan perezosas, cobardes y avariciosas que, en lugar de descender hacia el mar cada año para ver el mundo, fortalecerse y engordar, decidieron quedarse, husmear en los riachuelos y comer gusanos y larvas. [...] Caray, pero si me he enterado de que una de esas criaturitas pequeñajas le pidió la mano a una dama salmón, ¡la muy descarada!

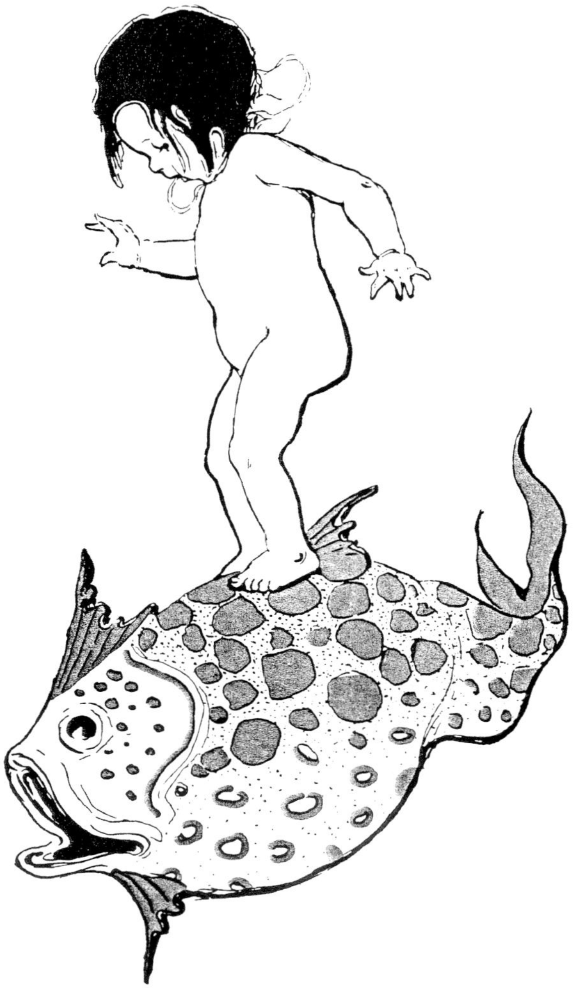

–Espero –dijo el caballero– que haya muy pocas damas de nuestra raza que se degraden a sí mismas escuchando, ni aunque sea por un instante, a una criatura como ésa. Si viera ocurrir algo así, consideraría un deber ejecutarlos allí mismo.

Así habló el viejo salmón, igual que un viejo hidalgo español de sangre azul. Es más, cumpliría su palabra. Pues, verás, no hay enemigos que se traten con mayor encono que los de la misma raza. Igual que algunas personas grandes con algunas personas pequeñas, los salmones ven a las truchas demasiado parecidas a ellos como para tolerarlo.

Sobre dos muchachitos

DE K. A. M.

Dos muchachitos, aseados y limpios,
bajaron a la orilla;
no habían visto el océano,
jamás en su vida.

Tranquilamente se sentaron,
para construir un castillo de arena.
De espaldas al mar,
y mirando hacia tierra.

Levantaron un bonito castillo,
un pañuelo hizo de bandera,
cuando llegó una gran ola
y les hizo dar la voltereta.

Velas y vientos cumplan mi deseo...

(Fragmento)

DE AUSIÀS MARCH

Velas y vientos han de cumplir mis deseos,
haciendo caminos dudosos por la mar.
Maestral y poniente contra ellos veo armarse:
jaloque y levante los tienen que amaninar,
con sus amigos gregal y mediodía
rogando humildemente al viento tramontanal
que en su soplar sea parcial
y que juntos los cinco cumplan mi regreso. [...]

Canción del pirata

(Fragmento)

DE JOSÉ DE ESPRONCEDA

Con diez cañones por banda,
viento en popa, a toda vela,
no corta el mar, sino vuela
un velero bergantín.
Bajel pirata que llaman,
por su bravura, *El Temido*,
en todo mar conocido
del uno al otro confín.
La luna en el mar riela
en la lona gime el viento,
y alza en blando movimiento
olas de plata y azul;
y va el capitán pirata,
cantando alegre en la popa,
Asia a un lado, al otro, Europa,
y allá a su frente Estambul:
Navega, velero mío,
sin temor,
que ni enemigo navío
ni tormenta, ni bonanza
tu rumbo a torcer alcanza,
ni a sujetar tu valor.
Veinte presas
hemos hecho
a despecho
del inglés
y han rendido
sus pendones
cien naciones
a mis pies.
Que es mi barco mi tesoro,
que es mi dios la libertad,
mi ley, la fuerza y el viento,
mi única patria, la mar.

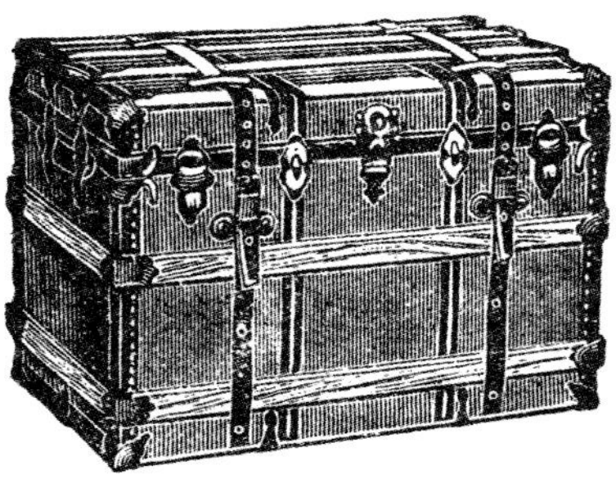

Por qué el mar es salado

AUTOR DESCONOCIDO

Había una vez, hace muchos, muchos años, dos hermanos, uno de los cuales era rico y el otro, pobre. Cuando llegó la Nochebuena, el hermano pobre no tenía en casa nada para comer. Fue a ver a su hermano rico y le pidió un poco de pastel de Navidad. No era la primera vez que su hermano le ayudaba, aunque era muy tacaño, y aquella vez no se alegró especialmente de verlo.

–Si haces lo que te digo, tendrás pastel de Navidad –dijo.

El hermano pobre accedió y quedó muy agradecido por el pacto.

–Toma este ramo de madreselvas y llévaselo a la bruja –dijo el hermano rico.

–Bien, ya que te lo he prometido, lo haré –respondió el hermano pobre.

Tomó las madreselvas y salió. Caminó durante un día entero y cuando empezaba a oscurecer llegó a un lugar donde las luces brillaban. En una leñera había un viejo de barba blanca que cortaba leña para Navidad.

–Buenas tardes –saludó con las flores en la mano–. Estoy buscando a la bruja; es decir, si es que estoy en el buen camino.

–Sí, es aquí –respondió el anciano–. Cuando entre, la bruja querrá comprarle el ramo de madreselvas porque las flores escasean en estos parajes. Pero no debe vendérselas a no ser que tenga el molinillo que lo muele todo.

El hombre de las madreselvas le agradeció la información y llamó a la puerta con los nudillos. Cuando hubo entrado, todo sucedió como el anciano le había anunciado. Los diablos de la bruja, grandes y pequeños, se arremolinaron junto a él como hormigas, y la bruja le ofreció un objeto precioso detrás de otro a cambio de las flores.

–Bien –dijo el hombre–. Mi buena esposa y yo íbamos a tener estas bonitas flores en nuestra mesa de Nochebuena, pero como insiste tanto le dejaré quedárselas a cambio del molinillo que está detrás de la puerta.

La bruja no quería deshacerse de él y negoció y regateó con el hombre, pero éste se mantuvo en lo que había dicho y al fin la bruja le entregó el molinillo.

Y regresó a casa como pudo, pero no antes de que el reloj diera las doce.

–¿Dónde has estado? –preguntó su mujer–. He estado aquí sentada, hora tras hora, esperándote, y no he tenido más que dos astillas que echar al fuego y nada para echar en la olla.

–No he podido regresar antes –respondió el hombre–. He tenido que hacer muchas cosas y he tenido que caminar mucho; pero ahora voy a enseñarte una cosa –continuó mientras dejaba el molinillo sobre la mesa.

–Muele arenques y caldo, y hazlo rápido y bien –dijo el hombre.

Por arte de magia, el molinillo empezó a llenarse de arenques y caldo y llenó su plato y el de su mujer y después el resto de platos, tazas, botes y tinas y, finalmente, empezó a inundar toda la cocina.

El hombre y su mujer quedaron atónitos. Intentaron detenerlo pero por muchas vueltas que le dieron, el molinillo continuaba moliendo, puesto que el hombre no había preguntado al leñador cómo pararlo. En poco tiempo los arenques y el caldo llegaron tan arriba que el hombre y su mujer estuvieron a punto de ahogarse. Entonces, la mujer abrió la puerta de atrás y salieron disparados, pero los arenques y el caldo se vertieron fuera tras de ellos, como un riachuelo, bajando por los campos oscuros. El río de caldo y arenques llenó el valle entero y se aproximaba al mar. El hombre y su mujer corrían delante de todo aquello y el mismo molinillo flotaba encima de todo, todavía moliendo. Justo entonces apareció un barco en la orilla. A la luz de la luna se dibujaba la silueta del capitán mientras probaba el caldo y los arenques.

–No está mal, no está mal –dijo–, pero le falta sal.

La tripulación consiguió subir a bordo el molinillo, al hombre y a la mujer. El capitán se dirigió al molinillo y le dijo:

–Muele sal, y hazlo rápido y bien.

Y el molinillo empezó a moler sal. Cuando el capitán decidió que ya había demasiada sal quiso detener el molinillo, pero por mucho que lo intentó, éste continuó moliendo y la montaña de sal creció y creció hasta que el barco se hundió.

Y allí, en el fondo del mar, continúa el molinillo, todavía moliendo sal.

Y ésta es la razón por la que el mar es salado.

En 1492

AUTOR DESCONOCIDO

En 1492 Colón surcó el azul océano.
Tenía tres barcos y de España salió,
navegó bajo el sol, la lluvia y el viento,
halló el nuevo mundo para nosotros dos.

La sirenita

(Fragmento)

DE HANS CHRISTIAN ANDERSEN

Mar adentro, muy lejos, el agua es tan azul como el azul más puro, clara como el más limpio cristal, y tan profunda, que nunca el áncora llega al fondo. [...] Y en lo más hondo se levanta el palacio del Rey de los Mares. Tiene los muros de coral, y las anchas ventanas ojivales son del más puro ámbar. [...]

El Rey de los Mares era viudo desde hacía muchos años. Y su anciana madre gobernaba la corte. Era una mujer muy sabia y muy orgullosa de su nobleza [...] poseía excelentes cualidades, y la principal era que amaba de todo corazón a sus nietas, las princesitas del mar. Eran seis princesas, todas

hermosas, destacándose en belleza la menor; tenía la piel suave y fina como un pétalo de rosa, y su mirada era profunda como el mar. [...]

Cada princesa tenía su jardincillo, donde podía plantar y cosechar a su antojo. [...] La más pequeña le dio la forma circular del sol y no plantó más que flores del color de su rayo. Mientras sus hermanas promovían grandes alborotos cuando hallaban cualquier extraño objeto procedente de naves naufragadas, a ella sólo le entusiasmaba una hermosa estatua de mármol que cayó de algún naufragio y que representaba un gentil mancebo, blanco como la nieve. [...]

Pero el mayor placer de la pequeña princesa se cifraba en escuchar lo que su abuela contaba de los hombres que vivían fuera del mar; le encantaban aquellas historias de barcos, de ciudades, de personas y animales. [...]

–Cuando tengáis quince años –les decía–, podréis subir hasta la superficie de las aguas, sentaros sobre una roca al claro de la luna y contemplar los grandes navíos; entonces veréis también ciudades y bosques.

[...] Ninguna deseaba subir con tanta ansiedad como la pequeña, que era la que más había de esperar y que siempre estaba callada y pensativa. A menudo salía por la noche a la ventana y miraba a través del agua de un azul oscuro, por donde nadaban los peces y alcanzaba a distinguir la luna y las estrellas que brillaban con luz débil a través del agua. [...] Cuando se fraguaba una tormenta y preveían algún naufragio, se acercaban a los barcos y cantaban con su voz argentina, ensalzando las maravillas del mar. [...] Cuando las cinco hermanas subían cogidas del brazo, la hermanita se quedaba sola viendo cómo se alejaban y con ganas de llorar, pues no porque las sirenas carezcan de lágrimas sufren menos.

W HEATH ROBINSON

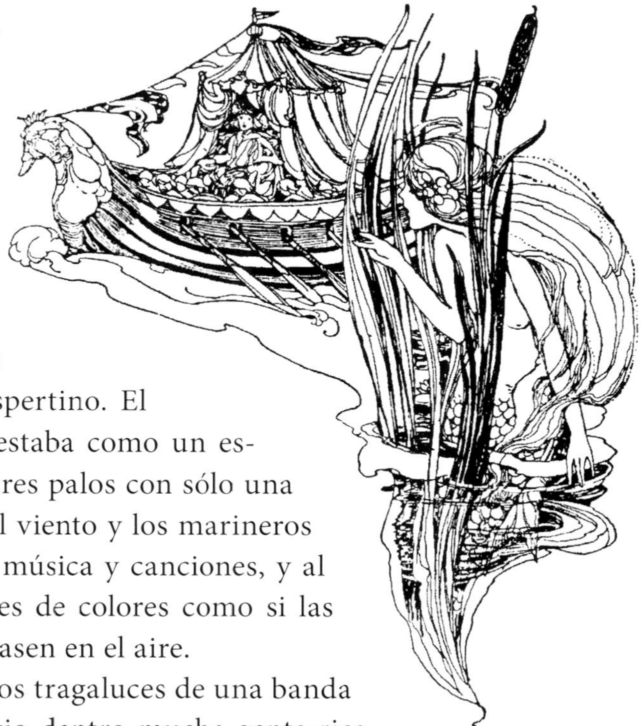

–¡Si tuviera quince años! –suspiraba, cuánto amaría a ese mundo de arriba y a los hombres que lo habitan!

Y, por fin, llegó la edad. [...]

Cuando sacó la cabeza fuera del agua, ya se había puesto el sol, pero las nubes aún reflejaban sus dorados resplandores y en el cielo brillaba el lucero vespertino. El aire era suave y fresco, y el mar estaba como un espejo. Cerca se mecía una nave de tres palos con sólo una vela desplegada, pues no soplaba el viento y los marineros podían descansar. A bordo se oía música y canciones, y al anochecer se encendieron mil luces de colores como si las banderas de todas las naciones flotasen en el aire.

La sirena se acercó nadando a los tragaluces de una banda del buque y, al levantar las olas, vio dentro mucha gente ricamente vestida, siendo el más hermoso de todos un príncipe adolescente, de grandes ojos y cuyo cumpleaños se celebraba en aquel momento. Los marineros bailaban sobre el puente, y cuando el príncipe subió se dispararon más de cien cohetes, que iluminaron el cielo como si de pronto se hubiera hecho de día, de tal modo que la sirena tuvo miedo y se sumergió. Cuando sacó de nuevo la cabeza le pareció que caía sobre ella una lluvia de estrellas. Nunca había visto fuegos artificiales. [...] Sobre el buque había tanta luz que se distinguían todos los objetos y, con más precisión, los hombres. ¡Qué hermoso era el príncipe! Estrechaba las manos a todo el mundo y sonreía amistosamente mientras la música resonaba en el silencio de la noche. [...]

Se levantó el viento, inflando una tras otra las velas de la nave. Las olas crecían y grandes nubarrones se acercaban. Cayó un rayo y se desencadenó una horrible tempestad. Los marineros arriaron las velas, el buque se balanceaba a los embates del mar embravecido. Las olas se levantaban como negras montañas que fueran a derrumbarse sobre los mástiles. [...]

Entonces comprendió la sirena el peligro que corrían los hombres, pues ella misma tenía que evitar el golpe de las vigas y de los tablones que flotaban. Durante un momento, estuvo el mar tan negro que nada se veía; pero la claridad de los relámpagos lo alumbraba todo y los ojos de la sirena buscaron con afán al joven príncipe, viendo cómo nadaba cuando el barco se fue a pique. [...] ¡No, no permitiría que muriese! Huyendo de los restos del naufragio, que podían matarla, se hundió bajo el agua y volvió a la superficie buscando al príncipe entre las olas. No tardó en descubrirlo en el momento en que le faltaban las fuerzas y apenas podía nadar en el mar enfurecido. Desfallecían sus brazos y sus piernas, se cerraban sus ojos y se hubiese ahogado si la sirena no hubiera ido en su ayuda. Lo cogió manteniéndole la cabeza fuera del agua, y se abandonó a merced de las olas.

Al amanecer se serenó el tiempo, pero ya no quedaba el menor rastro del navío. Rojo y radiante salió el sol del agua y pareció reanimar al príncipe, pero sus ojos permanecían cerrados. La sirena besó su hermosa frente y, al echarle atrás los mojados cabellos, descubrió una extraordinaria semejanza con la estatua de mármol de su jardín. Continuó besándolo, con ardientes deseos de que volviese a la vida.

Entonces apareció por primera vez a sus ojos la tierra. [...] El mar formaba allí una cala donde el agua era tranquila, pero profunda. Nadó hacia aquel sitio con el príncipe y lo tendió sobre la arena más fina y limpia, cuidando de levantarle la cabeza para que se calentase al sol. [...]

Entonces la sirenita fue a esconderse y esperó los acontecimientos...

Moisés divide el mar Rojo

Una de las historias más dramáticas del Antiguo Testamento es ésta, en que se demuestra el poder de Dios. Tan grande, que el poderoso mar no puede resistírsele.

Conducidos por Moisés, seiscientos israelitas salieron de Egipto hacia Sucot. Desde allí se dirigieron a Etham y hacia el norte, hacia Baal-zefón, en la orilla del mar Rojo. Una columna de nubes apareció ante ellos durante el día y un pilar de fuego los condujo de noche.

–He cometido un grave error –dijo el faraón después que los israelitas se hubieran marchado–. Tengo que hacerles volver.

Y envió seiscientos carros tras ellos. Con un ejército egipcio persiguiéndoles y un inmenso mar por delante, los desesperados israelitas preguntaron a Moisés:

–¿Nos has traído tan lejos solamente para morir?

Moisés les respondió que Dios les rescataría. Y así fue.

–Levanta tu vara –le dijo a Moisés–, mantén la mano levantada sobre el mar y divídelo; y los niños de Israel entrarán en él por tierra seca.

Una tormenta ensordecedora y ventosa azotó el mar. Moisés señaló con su vara de madera al agua y ésta se dividió. Los israelitas corrieron sobre tierra seca entre muros de agua hacia la salvación, al otro lado. El ejército del faraón les persiguió pero, cuando se encontró entre los muros de agua, Moisés agitó su vara y el agua cayó sobre ellos.

La bella Lola

HABANERA

Cuando en la playa la bella Lola,
su larga cola luciendo va,
los marineros se vuelven locos
y hasta el piloto pierde el compás.

Ay qué placer sentía yo
uando en la playa sacó el pañuelo y me saludó,
pero despues se acercó a mí,
me dio un abrazo y en aquel lazo creí morir.

Después de un año de no ver tierra
porque la guerra me lo impidió,
me fui al puerto donde se hallaba
la que adoraba mi corazón.

Ay qué placer sentía yo
cuando en la playa sacó el pañuelo y me saludó,
pero despues se acercó a mí,
me dio un abrazo y en aquel lazo creí morir.

La cubanita lloraba triste
al verse sola y en alta mar,
y el marinero la consolaba:
no llores Lola, no te has de ahogar.

Ay qué placer sentía yo
cuando en la playa sacó el pañuelo y me saludó,
pero despues se acercó a mí,
me dio un abrazo y en aquel lazo creí morir.

20.000 leguas de viaje submarino

(Fragmentos del capítulo «Los pulpos»)

DE JULES VERNE

Los calamares gigantes (Architeuthis dux) *pueden llegar a medir dieciocho metros de largo y a pesar una tonelada. Las historias sobre esos animales inspiraron a Jules Verne el siguiente fragmento. Con todo, los calamares gigantes son poco comunes y, por lo general, poco dados a atacar submarinos.*

Ned Land se lanzó hacia el cristal.

–¡Qué bestia espantosa! –exclamó.

Observé a mi vez y no pude dominar un movimiento de repugnancia. Ante mi vista se agitaba un monstruo horrible, digno de figurar en las leyendas teratológicas.

Era un calamar de dimensiones colosales, de unos ocho metros de largo. Marchaba retrocediendo con extremada velocidad en dirección al *Nautilus*. Miraba con sus enormes ojos fijos de matiz glauco. Los ocho brazos, o más bien, los ocho pies que salen de la cabeza, lo que les valió a estos animales el nombre de cefalópodos, tenían un desarrollo del doble de la anchura del cuerpo y se retorcían como la cabellera de las Furias. Se notaban claramente las doscientas cincuenta ventosas ubicadas en la cara interna de los tentáculos en forma de cápsulas semiesféricas. A ratos las tales ventosas se fijaban en el cristal del salón por medio del vacío. La boca del monstruo –un pico de cuerno conformado como el de un loro– se abría y se cerraba verticalmente. La lengua, sustancia córnea, armada a su vez de varias hileras de dientes agudos, salía vibrando de aquella verdadera cizalla. El cuerpo, fusiforme e hinchado en el medio, formaba una masa carnosa que debía de pesar veinticinco mil kilogramos. El color variante pasaba en forma sucesiva del gris lívido al pardo rojizo.

La casualidad nos había puesto en presencia de ese calamar y no quise perder la oportunidad de estudiar cuidadosamente tal tipo de cefalópodo. Sobreponiéndome al horror que me causaba su aspecto, y lápiz en mano, comencé a dibujarlo.

–Quizás sea el mismo que vio el *Alecton* –dijo Consejo.

–No –objetó el canadiense–, ya que éste se halla entero y el otro había perdido la cola.

–No sería razón suficiente –dije–. Los brazos y la cola de estos animales vuelven a formarse por reintegración. Después de siete años, la cola del calamar de Bouguer tuvo tiempo para crecer de nuevo.

–Además –añadió Ned–, si no es ése, será uno de aquellos otros.

Efectivamente, otros pulpos aparecían tras el cristal de estribor. Conté hasta siete. Daban escolta al *Nautilus* y yo oía el rechinar de los picos en el casco de acero. [...]

El *Nautilus* se detuvo. Un choque lo hizo vibrar en toda su armazón.

–¿Habremos tocado fondo? –pregunté.

–En tal caso –respondió el canadiense–, no hemos encallado, pues estamos flotando.

El *Nautilus* flotaba, sin duda, pero no se movía. Las paletas de la hélice no hendían el agua. Pasó un minuto. El capitán Nemo entró en el salón.

[...] Sin hablarnos, sin vernos quizás, se encaminó hacia el panel, observó a los pulpos y dijo unas palabras a su segundo, quien salió. Al rato se corrieron los paneles. El cielorraso se iluminó.

Yo me adelanté hacia el capitán.

–Curiosa colección de pulpos –le dije con tono displicente como el de un aficionado ante el cristal de un acuario.

–Así es –me respondió– y vamos a combatirlos cuerpo a cuerpo.

Miré al capitán, creyendo no haber entendido.

–¿Cuerpo a cuerpo? –repetí.

–Sí, señor. La hélice está detenida. Supongo que las mandíbulas córneas de uno de esos calamares se han trabado entre las paletas, lo que nos impide navegar.

–¿Y qué piensa usted hacer?

–Subir a la superficie y destruir a toda esa plaga.

–Empresa difícil, a mi parecer.

–En efecto. Las balas eléctricas resultan ineficaces en esas carnes blandas, donde no hallan bastante resistencia como para explotar. Pero los atacaremos a hachazos.

–Y con arpones –dijo el canadiense– si nos permite ayudarle.

–Acepto, señor Land.

–Les acompañaré –dije.

Y tras el capitán Nemo nos encaminamos hacia la escalera central. Allí, una docena de hombres, armados con hachas de abordaje, estaban listos para el ataque. Consejo y yo empuñamos también sendas hachas. Ned Land, un arpón.

El *Nautilus* ya había retornado a la superficie. Uno de los marineros, desde los últimos peldaños, aflojaba los pernos de la compuerta; pero apenas se retiraron las tuercas, la tapa se levantó con gran violencia, evidentemente debido a la fuerza de la ventosa que aplicara en ella el brazo de un pulpo. [...]

–¡Qué furia nos arrojó entonces contra aquellos monstruos! Nadie podía dominar su ímpetu. Diez o doce pulpos tenían invadidos la plataforma y los costados del *Nautilus*. [...] Pero de pronto mi audaz compañero cayó derribado por los tentáculos de un monstruo, que no logró eludir. El terrible pico del calamar se había abierto sobre él, y el desdichado se hallaba a punto de ser partido en dos. Yo me lancé en su ayuda. Pero se me había adelantado el capitán Nemo. El hacha que empuñaba se metió entre las dos enormes mandíbulas y, salvado por milagro, el canadiense, levantándose, hundió el arpón hasta el triple corazón del pulpo.

El combate había durado un cuarto de hora. Los monstruos, vencidos, desalojaron el campo y desaparecieron entre las olas.

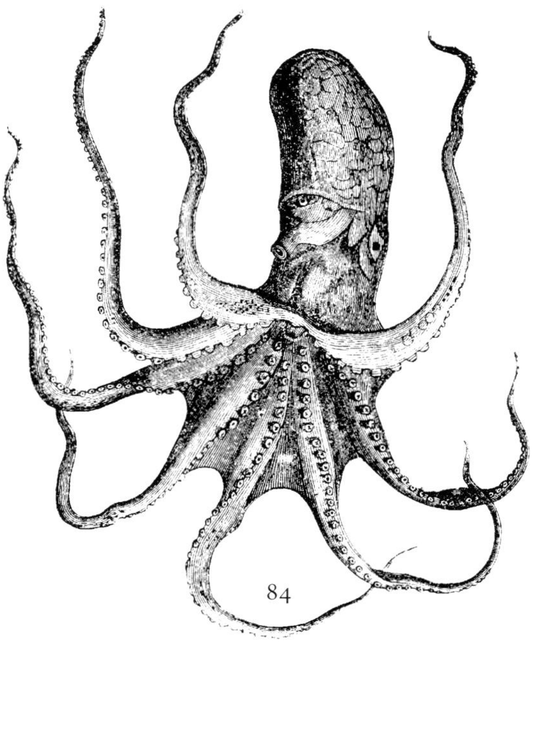

Botella al mar

DE MARIO BENEDETTI

Pongo estos seis versos en mi botella al mar
con el secreto designio de que algún día
llegue a una playa casi desierta
y un niño la encuentre y la destape
y en lugar de versos extraiga piedritas
y socorros y alertas y caracoles.

Quién puede navegar sin viento

CANCIÓN POPULAR DE LAS ISLAS DE ÅLAND

¿Quién puede navegar sin viento?
¿Quién puede remar sin remos?
¿Quién puede dejar a un amigo
sin gran tristeza?

Yo puedo navegar sin viento.
Yo puedo remar sin remos.
Pero no puedo dejar a un amigo
sin gran tristeza.

Popeye el marino

DE SAMMY LERNER

Popeye el marino soy.
Popeye el marino soy.
Mi fuerza se debe
a que como espinacas.
Popeye el marino soy.
Peleo con fuerza,
odio a los cobardes,
no aguanto a chulos y peleones
que siempre buscan la puerta.
Si alguien me critica,
tengo a mano mi pipa.
¡Portaos bien,
que valgo por cien!
Popeye el marino soy.

¡Tut, tut!

Peter Pan

(Fragmento de «El buque pirata»)

DE SIR J. M. BARRIE

Dicen que los piratas son audaces y temibles, pero en Peter Pan *a veces no son ni lo uno ni lo otro. Smee es campechano y cordial y hasta el infame capitán Garfio, como lo veremos más abajo, piensa con preocupación que debería ser más caballeroso, y sospecha en secreto lo que nosotros ya sabemos: que es, un cobarde.*

El capitán Garfio paseaba sobre cubierta muy pensativo. Era un hombre insondable. Aquélla era su hora triunfal; había logrado quitar a Peter Pan de en medio para siempre y los otros niños estaban todos en el bergantín, prontos a ser lanzados desde la palanca. Era aquélla su más siniestra acción desde los días en que puso a Barba Azul en el tormento, y sabiendo como sabemos lo vanidosos que son los hombres, ¿podría sorprendernos verle ahora pasear sobre la cubierta vacilante, henchido de la gloria del éxito?

Mas no; en su aspecto no mostraba júbilo ninguno y permanecía silencioso mientras trabajaba su mente sombría. El capitán Garfio estaba profundamente abatido.

Se mostraba así con frecuencia cuando se hallaba a bordo en el silencio de la noche, y era porque entonces se sentía terriblemente solo. Aquel hombre impenetrable no se sentía nunca tan solo como cuando estaba rodeado de sus lobos marinos. ¡Eran todos, socialmente, tan inferiores a él! El verdadero nombre del capitán no era Jaime Garfio. La revelación de su verdadero nombre haría aún hoy arder en curiosidad al país entero y por eso lo callamos.

Mas, como deben de ya haber adivinado los que saben leer entre líneas, se había educado en un famoso colegio y las tradiciones familiares le adornaban aún como bellas prendas de vestir... [...] También en su manera de andar conservaba el distinguido abandono que adquirió en el colegio. Sobre todas las cosas, poseía aún la pasión por el buen tono.

¡El buen tono! Por muy a menos que hubiese venido Garfio, todavía le era dado comprender que esto es lo más importante de la vida. [...]

La reflexión más inquietante de todas era ésta: ¿no sería acaso de mal tono preocuparse tanto del buen tono? El problema lo torturaba en lo más hondo de su alma. Era como si llevara dentro una garra más afilada que la de hierro que formaba su mano derecha, y mientras le desgarraba interiormente, el sudor caía a lo largo de su rostro grasiento y manchaba su elegante jubón. Se pasaba con frecuencia la manga por la cara, pero ello no aliviaba su tortura. ¡Era poco envidiable la suerte del capitán!

Llegaba hasta él como un presentimiento de su próximo fin. [...] El capitán Garfio sentía un triste deseo de pronunciar su oración fúnebre, por si después no tuviera tiempo para ello. «¡Mejor hubiera sido para el capitán Garfio –exclamaba– no dejarse dominar tanto por su ambición!» En sus horas más negras hablaba de sí mismo en tercera persona.

«Los niños no me quieren.»

Era extraño que pensara en esto, que nunca le había preocupado; acaso el ruido de la máquina de coser se lo traía al pensamiento. Durante largo rato habló consigo mismo contemplando a Smee, que estaba plácidamente haciendo un dobladillo, en la convicción de que todos los niños le temían.

¡Temerle! ¡Temer a Smee! Aquella noche, a bordo del bergantín, no había un solo niño que no lo amara ya, a pesar de que les había dicho cosas terribles y les había pegado con la mano abierta, porque con el puño cerrado no podía; y sin embargo, ellos se habían colgado aún con más agrado de él. Miguel había llegado hasta a probarse sus lentes.

¿Y si le dijera al pobre Smee que a los niños les parecía muy cariñoso? El capitán Garfio sentía ganas de hacerlo, pero temió ser demasiado brutal. En vez de ello, pues, empezó a dar vueltas en su mente a aquel misterio. ¿Por qué los niños encontraban cariñoso a Smee? Y perseguía el problema como un sabueso sigue la caza. Si Smee era adorable ¿por qué lo era? Y una terrible respuesta se le presentó de improviso. ¿Lo sería acaso por su buen tono?

¿Tendría el contramaestre, sin saberlo –que es el mejor modo de tenerlo–, aquel buen tono? [...]

Lanzando un grito de rabia, levantó su garra de hierro sobre la cabeza de Smee, pero no la dejó caer. Lo que le detuvo fue esta reflexión: desgarrar a un hombre porque posee el buen tono, ¿no sería de mal tono?

Mi cama es un velero

DE ROBERT LOUIS STEVENSON

Mi cama es como un velero
que en la noche va a partir.
Mi nana me va a vestir
con traje de marinero.

Subo a bordo y digo adiós.
Cierro los ojos y luego
hacia la noche navego...
Ya no escucho ni una voz.

Cual precavido grumete,
a veces yo me acompaño
de un pastel de cumpleaños
y de un bonito juguete.

Tras surcar el mar oscuro,
veo la luz..., amanece.
Y mi velero se mece
anclado en puerto seguro.

Poseidón, el dios del mar

La gente se ha sobrecogido siempre ante el poder y la magia del mar y no sorprende que uno de los dioses griegos más poderosos fuera Poseidón.

Zeus, Poseidón y Hades se repartieron el mundo entre ellos. Zeus se quedó el cielo, Hades el oscuro inframundo y Poseidón reinó sobre los mares. Conocido como Neptuno por los romanos, era un dios de gran fortaleza. Con su tridente podía golpear la tierra y originar terremotos. Se dice que Poseidón creó a los primeros caballos golpeando una roca con su tridente y, para él, los caballos tenían carácter sagrado. Entre sus creaciones también estaba Pegaso, el caballo alado, y muchos horribles monstruos marinos. Se dice que vivió en un palacio de oro, en el fondo del mar.

Walter Crane
1892

Elogio de la navegación

WELLERAN POLTARNEES

La rectitud y la belleza de un barco, aventurándose en aguas profundas empujado solamente por las mareas y el viento, es uno de los placeres supremos de la existencia. Nuestro placer emerge del interior. Los ríos, los lagos, los mares nos llaman con sus misterios.

Navegar es escapar hacia un lugar más allá de nuestro mundo cotidiano. Nos invita a la aventura. Sabemos que el mar es un ser vivo y que el dominio de un barco requiere cooperación y la entera aplicación de toda nuestra herencia de tradición popular marinera.

Es maravilloso contemplar los barcos, sean ligeros o majestuosos, viejos o nuevos. Es una maravilla cómo se manejan las embarcaciones para resistir el viento, y cómo los cascos abren las aguas. Unos días tranquilos en el agua nos llenan de paz y las aguas bravas ponen a prueba nuestras habilidades y nuestro coraje.

Unos días en el agua hacen prodigios en el cuerpo, en la mente, en el espíritu, y a los que nos gusta navegar en nuestros barcos, ofrecen la más dulce sensación de libertad.

Moby Dick

(Fragmento)

DE HERMAN MELVILLE

El capitán Ahab está al mando del Pequod, *un ballenero. Durante la caza de ballenas, Ahab se encuentra con una gran ballena blanca, Moby Dick. Ese encuentro le cuesta la pierna al capitán. Enfurecido por su deseo de venganza, Ahab persigue a Moby Dick para atraparla y matarla. Starbuck es el primer oficial del barco; Tashtego es el arponero. En el siguiente fragmento, la tripulación del* Pequod *ha localizado, por fin, a Moby Dick. La ballena ha atacado al barco y el casco empieza a hacer agua. Starbuck ruega al capitán Ahab que renuncie, pero Ahab que está luchando en otro barco más pequeño, no quiere escuchar.*

Oh, Ahab! –gritó Starbuck–. Ni aun ahora en el tercer día es demasiado tarde para desistir. ¡Ya ve, Moby Dick, no le busca! ¡Es usted quien la busca insensatamente! [...]

Recalando por debajo del buque que se hundía, la ballena pasó estremeciéndose a lo largo de la quilla; pero, virando sumergida, apareció súbitamente en la superficie, del otro lado de la proa, a pocas varas de la lancha de Ahab, y durante un instante permaneció inmóvil.

–Volveré mi espalda al sol. ¿Qué haces, Tashtego? ¡Déjame oír tu martillo! ¡Oh vosotros, indomables espadañas mías! ¡Tú, quilla incólume, y casco a quien sólo Dios pudo intimidar; tú, cubierta firme y orgulloso timón y proa que apunta al cielo, nave de muerte gloriosa! ¿Es que has de perecer sin mí? ¿Es que se me niega el gran honor del más humilde capitán náufrago? ¡Oh, muerte solitaria de una vida solitaria! ¡Oh, ahora me doy cuenta de que mi mayor grandeza estriba en mi mayor infortunio! ¡Oh, venid desde vuestros confines remotos, olas denodadas de toda mi vida pasada, a aumentar el volumen de esta gran ola de mi muerte! ¡Hacia ti ruedo, oh ballena mortífera e invencible, lucho contigo hasta el fin; te acuchillaré desde el centro del infierno, escupiéndote mi odio con mi último aliento! ¡Hunde todos los ataúdes y sarcófagos en una misma laguna, y, como yo no he de tener ninguno, remólcame hasta hacerme pedazos. Persiguiéndome siempre aunque sea atado a ti, ballena maldita! ¡Así hundo yo la lanza!

Y lanzó el arpón. La ballena herida se lanzó hacia delante; el cabo corría con la rapidez del fuego por su ranura, se enredó y Ahab se agachó para arreglarlo y lo logró. Pero una de sus vueltas lo atrapó por el cuello y sin que pudiera decir una sola palabra, como los sicarios turcos estrangulan a su víctima, Ahab fue despedido de la lancha antes de que la tripulación pudiera darse cuenta. Un instante después saltaba de la cuba el pesado anillo final del cabo, derribaba a un remero y, golpeando la superficie, iba a perderse en el fondo del mar.

Olas gigantes

DE GUSTAVO ADOLFO BÉCQUER

Olas gigantes que os rompéis bramando
en las playas desiertas y remotas,
envuelto entre la sábana de espumas,
¡llevadme con vosotras!
Ráfagas de huracán que arrebatáis
del alto bosque las marchitas hojas,
arrastrado en el ciego torbellino,
¡llevadme con vosotras!
Nubes de tempestad que rompe el rayo
y en fuego ornáis las desprendidas orlas,
arrebatado entre la niebla oscura,
¡llevadme con vosotras!
Llevadme por piedad a donde el vértigo
con la razón me arranque la memoria.
¡Por piedad! ¡Tengo miedo de quedarme
con mi dolor a solas!

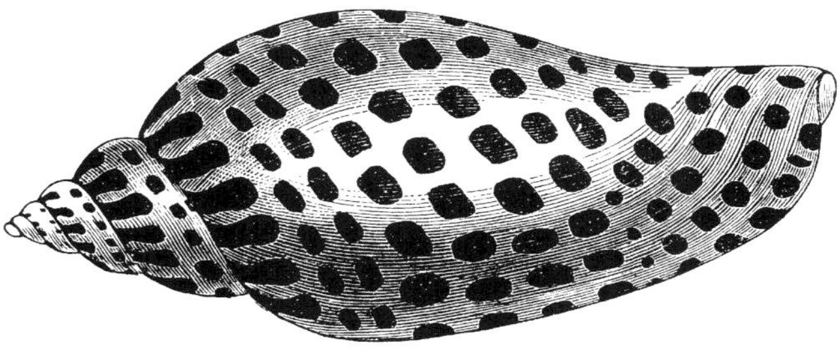

Robinson Crusoe

(Fragmento)

DE DANIEL DEFOE

Robinson Crusoe *es la historia de un navegante que acaba en una isla cerca de las costas de América del Sur tras naufragar. Allí pasa veintisiete años, se construye una casa y se relaciona con los autóctonos antes de ser finalmente rescatado. Éste es el relato de su naufragio.*

Así pasamos toda una noche. Al amanecer del día siguiente, uno de nuestros marineros gritó: «¡Tierra!». Apenas habíamos salido del camarote para reconocer esta isla o continente, cuando una ola monstruosa nos arrojó contra un banco de arena. El barco se inmovilizó y el mar lo castigó con tal furia, que todos esperábamos perecer de un momento a otro. Fuimos a refugiarnos en el alcázar de popa para ponernos al abrigo de las olas que barrían la cubierta. Quien no ha vivido una situación semejante, no se hará cargo de nuestra desesperación. Nada sabíamos del lugar donde nos hallábamos, ni de la tierra a la que nos arrojó la tempestad; ignorábamos si se trataba de una isla o de un continente. Si estaba habitado o no.

El viento soplaba todavía con gran furia aunque había disminuido un poco. No esperábamos que el barco resistiera aún, a no ser que, por milagro, cesara el huracán. En una palabra, nos mirábamos unos a otros viendo llegar la muerte. Cada uno de los hombres se preparaba mentalmente para la vida futura. Lo único que nos consolaba era la esperanza de que el barco aún resistía y que el capitán decía que el viento amainaba. Pero sería difícil poner a flote la nave, ya que estaba muy hundida en el banco de arena. [...] Nos quedaba aún otra lancha a bordo, pero no sabíamos cómo podríamos botarla al agua. No era tiempo de titubeos, pues el barco empezaba a desquiciarse por todos lados. Una vacilación más y se hundiría con todos nosotros.

En medio de esta angustia, el capitán de nuestro barco echó mano del bote y, con la ayuda de los demás hombres, logró deslizarlo por la borda. Cuando los once que íbamos nos hubimos metido todos dentro, lo soltó y nos encomendó a la misericordia de Dios y de aquel tempestuoso mar. [...]

Nuestra situación se había vuelto desesperada y todos nos dábamos cuenta de que el mar estaba tan crecido, que el bote no podría soportarlo e, inevitablemente, nos ahogaríamos. No teníamos con qué hacer una vela y aunque lo hubiésemos tenido, no habríamos podido hacer nada con ella. Ante esto, comenzamos a remar hacia tierra, con el pesar que llevan los hombres que van hacia el cadalso, pues sabíamos que, cuando el bote llegara a la orilla, se haría mil pedazos con el oleaje. [...]

No sabíamos si en la orilla había roca o arena, ni si era escarpada o lisa. [...] Después de remar, o más bien, de haber ido a la deriva a lo largo de lo que calculamos sería más o menos una legua y media, una ola descomunal como una montaña nos embistió por popa [...] y nos acometió con tanta furia, que volcó el bote de una vez, dejándonos a todos desperdigados por el agua [...].

Nada puede describir la confusión mental que sentí mientras me hundía, pues, aunque nadaba muy bien, no podía librarme de las olas para tomar aire. Una de ellas me llevó, o más bien me arrastró un largo trecho hasta la orilla del mar. Allí rompió y, cuando comenzó a retroceder, la marea me dejó, medio muerto por el agua que había tragado, en un pedazo de tierra casi seca. Todavía me quedaba un poco de lucidez y de aliento para ponerme en pie y tratar de llegar a la tierra, la cual estaba más cerca de lo que esperaba, antes de que viniera otra ola y me arrastrara nuevamente. [...] Pero esto no me libró de la furia del mar que volvió a caer sobre mí y, dos veces más, las olas me levantaron y me arrastraron como antes en el fondo, que era muy plano.

La última de las olas casi me mata, pues el mar me arrastró, como las otras veces, y me llevó, más bien me estrelló, contra una piedra, con tanta fuerza que me dejó sin sentido e indefenso. Como me golpeé en el costado y en el pecho, me quedé sin aliento y si, en este momento, hubiese venido otra ola, sin duda me habría ahogado. Mas pude recuperarme un poco, antes de que viniese la siguiente ola [...]. Como el mar no estaba tan alto como al principio, pues me hallaba cerca de la orilla, me agarré hasta que pasó la siguiente ola, y eché otra carrera que me acercó tanto a la orilla, que la que venía detrás, aunque me alcanzó, no llegó a arrastrarme. En una última carrera, llegué a tierra firme, donde para mi satisfacción, trepé por unos riscos que había en la orilla y me senté en la hierba, fuera del alcance del agua y libre de peligro.

Levantando los ojos al cielo, di gracias a Dios por haberme salvado la vida. No puedo expresar la alegría y el entusiasmo que se siente después de un peligro tal.

Mi alma entera se henchía de gozo. Me parecía que salía de una tumba oscura [...].

Eché a andar por la playa, levantando las manos al cielo, maravillándome de mi propia existencia. [...] De pronto me acordé de mis compañeros. No los veía por ninguna parte. Comprendí que todos se habían ahogado [...] No vi más que el alborotado océano y allá a lo lejos, muy lejos ya, una manchita negra que podía ser nuestro barco.

–¡Dios mío! –exclamé–. ¿Cómo es posible que me haya salvado?

Después de consolarme un poco, con lo poco que tenía para consolarme en mi situación, empecé a mirar a mi alrededor para ver en qué clase de sitio me encontraba y qué debía hacer...

El guardamarina Hornblower

(Fragmento)

DE C. S. FORESTER

Durante las guerras napoleónicas, los navíos británicos y franceses se enfrentaron en violentas batallas en las aguas que rodean Francia y España. En las apasionantes historias de Forester, el joven Horatio Hornblower empieza su carrera en la Marina británica e inmediatamente se distingue por su heroísmo y valentía. Este fragmento pertenece al primer libro.

El *Infatigable* era una nave ligeramente más rápida; un golpe ocasional del timón de estribor la acercaba al enemigo de modo decisivo, sin permitir al barco francés reaccionar ante él. Hornblower estaba impresionado por el silencio en ambos lados; siempre había sabido que los franceses podían abrir el fuego de largo alcance y destrozar el lado cargado cuidadosamente.

–¿Cuándo va a disparar? –preguntó Douglas, haciéndose eco de los pensamientos de Hornblower.

–Cuando le venga en gana –canturreó Finch.

El agua entre las dos naves se iba estrechando. Hornblower hacía balancear su pistola y observaba a través del punto de mira. Podía apuntar perfectamente al alcázar francés, pero había demasiada distancia para un puñado de balas de mosquete. En cualquier caso, no abriria fuego hasta que Pellew diera la orden.

–¡Son nuestros! –dijo Douglas apuntando al extremo del mastelero de sobremesana del francés.

Parecía que hubiera soldados allí arriba, a juzgar por los uniformes azules y los cinturones. Los soldados franceses vieron el gesto y sacudieron los puños, y un oficial joven, entre ellos, desenvainó su espada y la blandió sobre su cabeza. Con las naves paralelas como estaban, el francés del mastelero de sobremesana se convirtió en el objetivo particular de Hornblower y decidió intentar proceder silenciosamente en lugar de barrer la cubierta. [...]

–Nos están disparando, señor –dijo Herbert.

–Déjelos –respondió Hornblower.

Ningún mosquete disparado desde un mastelero a aquella distancia podría hacer blanco, eso era obvio; tan obvio que incluso Hornblower, excitado como estaba, no podía sino advertirlo, y eso, ciertamente, se apreciaba en su tono. Era interesante ver cómo una palabra tranquila calmaba a los hombres. Abajo, las armas rugían a lo lejos sin cesar, y las naves se acercaban rápidamente.

–¡Abran fuego! –ordenó Hornblower–. ¡Finch!

Miró fijamente hacia abajo, a la corta distancia del cañón. En la gran abertura pudo ver el timón del barco francés con dos intendentes detrás y dos oficiales al lado. Tiró del cordón. Un segundo de retraso y el cañón rugió. Las balas debieron de dispararse mal. Solamente cayó uno de los oficiales y alguien se colocaba ya en su lugar. En aquel momento toda la parte superior se vio sacudida de un modo estremecedor; Hornblower lo percibió pero no pudo explicarlo. Sucedían demasiadas cosas a la vez. Una bala dio en la barricada que había junto a él mientras Hornblower bajaba el arma, pero no le dio importancia. ¿La cubierta se movía más de lo que justificaba el oleaje? Ningún problema. Él tenía a tiro el alcázar enemigo. Disparó. Vio cómo caían los hombres. Vio cómo el timón giraba solo. Entonces los dos navíos se acercaron hasta chocar y su mundo se disolvió en un caos.

El palo mayor cayó. Su extremo pivotó alrededor en un arco oscilante de modo que solamente su afortunado asidero en el quitavueltas le salvó de ser arrojado como una piedra con una honda. [...]

El extremo se vio de nuevo sacudido de un modo terrible... Los ojos azules de Finch, con la mirada fija, oscilaban con el movimiento. Más tarde, Hornblower supo que la caída del palo mesana no había durado más que unos segundos, pero en aquel momento le pareció como si dispusiera de largos minutos para pensar. Como los de Finch, sus ojos miraron fijamente a su alrededor y vio la posibilidad de salvarse.

–¡El mastelero! –gritó.

Finch no parecía tener miedo ni deseo de esquivar el mastelero.

–¡Salta, maldito! –aulló Hornblower–. ¡Los obenques, la verga!

Finch sólo sonrió.

–¡Salta y alcanza la cofa! ¡Oh, Dios! –La inspiración llegó en el peor momento–. ¡La cofa! ¡Dios está allí, Finch! ¡Ve hacia Dios, rápido!

Aquellas palabras penetraron en el confundido cerebro de Finch. Asintió, ensimismado. Entonces abandonó el arma y pareció lanzarse al aire como una rana. Su cuerpo cayó en los obenques de la cofa de mesana y empezó a escalar por ellos. El mástil volvió a rodar y por eso, cuando Hornblower se lanzó sobre él, el salto fue más largo.

Sólo sus hombros sostenían los obenques. Se balanceó hacia afuera, se agarró, casi se soltó, pero se asió cuando una sacudida del mástil llegó en su ayuda. Trepó a la cubierta, loco de pánico. Ahí estaba el precioso mastelero y se lanzó hacia él, aferrándose a su bienvenida solidez con el cuerpo, buscando un cabo con los pies.

Estaba a salvo y estable sobre la verga cuando el movimiento del *Infatigable* dio al balanceo de los palos su último impulso y el palo mesana del mástil y el mastelero se separaron y el conjunto cayó al mar. Hornblower se dirigió hacia la cofa donde le había precedido Finch, para ser recibido en el extremo, con éxtasis, por el oficial Bracegirdle. Bracegirdle no era Dios, pero mientras Hornblower se arrastraba hacia el baluarte del mastelero pensó que si no hubiera hablado de Dios, Finch nunca hubiera dado aquel salto.

–Pensábamos que les habíamos perdido –dijo Bracegirdle, ayudándole a entrar y dándole golpecitos en la espalda–. Guardamarina Hornblower, nuestro ángel volador.

HOFF
Titanic
REGIE: HERBERT SELPIN
SYBILLE SCHMITZ · HANS NIELSEN
KIRSTEN HEIBERG · E.F. FÜRBRINGER
KARL SCHÖNBÖCK · OTTO WERNICKE
CHARLOTTE THIELE · THEODOR LOOS
SEPP RIST · FRANZ SCHAFHEITLIN

El «insumergible» *Titanic*

DE WILLIAM GARZKE JR.

El *Titanic* era un barco británico de pasajeros que chocó con un iceberg y se hundió en el norte del océano Atlántico en 1912. El desastre ocurrió en el primer viaje del transatlántico, de Southhampton, Inglaterra, a Nueva York. El *Titanic* golpeó de refilón el iceberg hacia las 11:40 de la noche del 14 de abril. El impacto causó buen número de pequeñas roturas y abrió boquetes en el casco de la nave. Cerca de dos horas y media más tarde, la nave se rompió en dos y se hundió.

El *Titanic* contaba sólo con la mitad de botes salvavidas necesarios para sus 2.200 pasajeros y tripulación. El primer barco de rescate que llegó a la zona, el transatlántico británico *Carpathia,* lo hizo hacia las 4 de la madrugada y recogió a 705 supervivientes, la mayoría de los cuales eran mujeres y niños. Murieron 1.517 personas, entre ellos muchos ricos y famosos. El capitán del *Titanic*, Edward J. Smith, se hundió con el barco.

El *Titanic* era el transatlántico más grande y lujoso de su época. Desplazaba más de 52.000 toneladas de agua y medía 269 metros de largo. Mucha gente pensaba que el barco no podía hundirse porque su casco estaba dividido en dieciséis compartimentos estancos. Aunque dos de esos compartimentos se inundasen, el barco podía seguir flotando. Como resultado de la colisión con el iceberg, se inundaron seis compartimentos.

En 1985, un equipo de científicos encontró los restos del *Titanic*. El barco está dividido en dos mitades a unas 400 millas al sudeste de Terranova, a una profundidad de unos 12.500 pies.

Durante años la gente creyó que el *Titanic* se hundió porque el iceberg causó un corte profundo en su casco. El estudio de muestras de acero del barco concluyó que el casco estaba fabricado de un acero que se volvía quebradizo en las heladas aguas del Atlántico Norte y que se fracturó con facilidad en el momento de la colisión. Las investigaciones también han mostrado que el *Titanic* navegaba a demasiada velocidad en un área donde existía peligro de icebergs.

El baile de la langosta

DE LEWIS CARROLL

–Ven ligero, caracol –dijo la merluza–, piensa
que el delfín toca mi cola persiguiéndome de cerca.
Las langostas y tortugas tras una ansiosa carrera,
para comenzar la danza en dos filas nos esperan.
¿Quieres danzar? ¿Quieres, o no, entrar en la danza nuestra?
¿Quieres danzar? ¿Quieres, o no, entrar en la danza nuestra?

–Es ésta una diversión como no tienes idea:
salta como las langostas por el agua, dentro y fuera.
Mas el caracol responde: –¡Qué lejos! –lleno de pena–.
Gracias, señora merluza; mas la danza no me tienta.
¿Puedo danzar? No puedo, no, entrar en la danza vuestra.
¿Puedo danzar? No puedo, no, entrar en la danza vuestra.

–¿Mas qué importa la distancia? –dijo la merluza en réplica–.
Bien sabes que a la otra orilla se extiende otra playa inmensa.
África está al otro lado, lo más lejos y más cerca;
no te asustes, caracol, y ven conmigo a la fiesta.
¿Quieres danzar? ¿Quieres, o no, entrar en la danza nuestra?
¿Quieres danzar? ¿Quieres, o no, entrar en la danza nuestra?

M.L.Kirk

La isla del tesoro

(fragmentos)

DE ROBERT LOUIS STEVENSON

La isla del tesoro *es la historia de una expedición para recuperar el fabuloso tesoro del pirata capitán Flint. En el viaje participan el joven Jim Hawkins –el narrador–, Abraham Gray, el Doctor Livesey y el capitán Smollett. Todos ellos ignoran que el cocinero del barco es en realidad Long John Silver, un pirata, antaño miembro de la tripulación del barco del capitán Flint. En el siguiente fragmento llegan a la isla del Esqueleto donde está enterrado el tesoro (y donde uno de los piratas de Flint, Benn Gunn, fue abandonado tres años antes). Long John Silver y una parte de la tripulación se han amotinado y robado el mapa del tesoro del capitán Smollett. Silver ha capturado a Jim, pero le ha perdonado la vida y lo lleva con él en su búsqueda del oro enterrado.*

Si alguien nos hubiera podido ver, habríamos ofrecido un muy curioso espectáculo: todos vestidos con sucias ropas de mar, y todos, menos yo, armados hasta los dientes. Silver llevaba dos mosquetones a la banderola, uno por delante y otro a la espalda, además de un enorme machete en la cintura y una pistola en cada bolsillo de las faldas cuadradas de la casaca. [...] Yo iba atado con una cuerda a la cintura y seguía sumisamente al cocinero, que tiraba al otro extremo de la soga, a ratos con la mano libre, y a ratos con sus formidables dientes. Marchaba yo, pues, a guisa de oso danzarín.

Los otros llevaban diversos cargamentos: algunos, picos y palas [...] otros iban cargados con tocino, galleta y aguardiente para el almuerzo. [...]

Quince hombres van en el cofre del muerto.
¡Ay, ay, ay, la botella de ron!

Nunca vi hombres tan espantados como los piratas. El color desapareció de las seis caras como por encanto; algunos se pusieron en pie, los demás se agarraron los unos a los otros, Morgan se arrastraba por el suelo...

–¡Es Flint, por el...! –exclamó Merry. [...]

–Vamos –dijo Silver, luchando para hacer salir las palabras por sus labios de color ceniza–. ¡No hay que hacer caso! ¡Listos para la maniobra! Éste es el

buen comienzo, y no puedo decir de quién es la voz, pero es de alguien que está de broma, uno de carne y hueso, tenedlo por seguro. [...]

Jorge Merry se quedó mucho más tranquilo.

–Sí, tienes razón –dijo–. Pensándolo bien era como la voz de Flint, pero no tan de mando. Se parecía a la voz de otro, sí, era más parecida a la de...

–¡Rayos! ¡Ben Gunn! –rugió Silver.

–Sí, así la tenía –exclamó Morgan, enderezándose–. ¡Era Ben Gunn!

–Eso no cambia mucho las cosas, ¿verdad? –preguntó Dick–. Ben Gunn tampoco anda por aquí corporalmente, igual que Flint.

Pero los veteranos recibieron este reflexión con desdén.

–¿Qué le importa a nadie Ben Gunn? –dijo Merry–; muerto o vivo, no cuenta para nada. [...]

El ansia del dinero, a medida que se acercaban, disipó su anterior sobresalto. Los ojos centelleaban, los pies se tornaban más veloces y ligeros; toda su alma pendía de aquella fortuna, de aquella vida entera de disipación y placeres que a cada uno de ellos le estaba allí aguardando. [...]

–¡Hurra, compañeros, todos a por él! –gritó Merry.

Y los que iban delante echaron a correr.

Y repentinamente, diez varas más allá, vimos que se detenían. Se oyó un ahogado grito. Silver dobló la marcha [...] y un instante después también él y yo nos habíamos parado en seco.

Ante nosotros había una gran excavación [...] y se veían el mango de un pico roto por la mitad y esparcidas las tablas de varias cajas de embalar. En una de aquéllas vi, estampada con un hierro candente, la palabra *Walrus*: el nombre del barco de Flint.

Todo estaba claro como la luz. El tesoro había sido descubierto y saqueado. Las setecientas mil libras habían volado. Todos los hombres se quedaron como si un rayo hubiera caído a sus pies. Pero Silver reaccionó casi en el acto. [...] Conservó la cabeza, recuperó su humor y cambió sus planes, antes de que los otros acabaran de darse cuenta del desengaño.

–Jim –murmuró–, toma eso, y atención porque se va a armar.

Y deslizó en mi mano una pistola de dos cañones. Al mismo tiempo, empezó a moverse tranquila y cautelosamente hacia el norte, y a los pocos pasos, había puesto el hoyo entre nosotros dos y los otros cinco. [...]

Los bucaneros, con gritos y juramentos, empezaron a saltar al fondo de la excavación y a escarbar con los dedos, tirando a un lado y otro las tablas. Morgan encontró una moneda de oro. [...]

–¡Dos guineas! –vociferó Merry, mostrando la moneda a Silver. [...]

–Escarbad, escarbad, muchachos –dijo Silver con la más insolente frescura–, que acaso encontraréis algunos cacahuetes, y no me chocaría. [...]

Empezaron a encaramarse fuera de la hondonada, echando hacia atrás miradas furibundas. [...] Pues bien, así nos quedamos; dos en un lado, cinco en el otro, el hoyo en medio, y nadie bastante valeroso para descargar el primer golpe. [...] Pero en aquel instante... ¡pum! ¡pum! ¡pum!... tres tiros de mosquete relampaguearon en la espesura. Merry cayó de cabeza en el hoyo. El hombre de las vendas giró en redondo y cayó a lo largo del costado, y allí se quedó herido de muerte, pero aún retorciéndose, y los otros tres volvieron la espalda y echaron a correr con toda su alma.

En un abrir y cerrar de ojos, John el Largo había descargado los dos cañones de una pistola sobre Merry. [...]

En aquel momento, el doctor, Gray y Ben Gunn salieron entre las mirísticas, se unieron a nosotros, con los mosquetones todavía humeantes. [...] John Silver, enjugándose la cara, venía lentamente hacia nosotros.

–Muchísimas gracias, doctor –dijo–. Llegó usted en el instante justo, me figuro, para Hawkins y para mí. ¡De modo que eres tú, Ben Gunn! –añadió–. Pues eres una buena pieza. [...]

Ben, en sus largos y solitarios vagabundeos por la isla, había hallado el tesoro y él lo desenterró –suyo era el pico cuyo mango estaba roto en la excavación–, y él lo había transportado a cuestas en infinitas y fatigosas jornadas, desde el pie del pino gigante hasta una cueva que tenía en el monte de los dos picachos, en el ángulo noroeste de la isla; y allí había estado almacenado y seguro desde dos meses antes de la llegada de la *Hispaniola*. [...]

Al pasar la colina de los dos picos pudimos ver la negra boca de la cueva de Ben Gunn y, cerca de ella, la figura de un hombre de pie, apoyado en un mosquete. Era el Squire, y le saludamos agitando un pañuelo y con tres hurras...

[...] Y con esto, todos entramos en la cueva. Era espaciosa y ventilada, con un minúsculo manantial y una charca de agua cristalina cobijada bajo un dosel de helechos. El suelo era de arena. Delante de un gran fuego estaba el ca-

pitán Smollet; y allá, en un rincón del fondo [...] vi grandes montones de monedas y torrecillas hechas de lingotes de oro. Aquél era el tesoro de Flint, que desde tan lejos habíamos venido a buscar y que ya había costado las vidas de diecisiete hombres de la *Hispaniola*. Cuántas había costado amasarlo, cuántas gallardas naves hundidas en el fondo del mar, cuántos valientes obligados a «pasear por la tabla» con los ojos vendados, cuántos cañonazos, cuánta infamia e impostura y crueldad, quizá nadie pudiera decirlo. [...]

Al fin, una mañana levamos anclas, con no poca dificultad y trabajo, y nos pusimos en franquía de la cala del Norte... [...]

Pues bien: para acortar una larga historia, diré que contratamos unos pocos marineros, que tuvimos una feliz travesía, hasta Inglaterra, y que la *Hispaniola* arribó a Bristol. [...] Cinco tan sólo de los que se hicieron a la mar regresaban en ella. [...]

De Silver no hemos vuelto a saber nada. [...]

Yuntas de bueyes y maromas no bastarían para hacerme volver a aquella isla de maldición; y los peores sueños que me perturban son aquellos en que oigo la marejada rompiendo atronadora contra sus costas, o en que me incorporo sobresaltado en la cama con la desgarrada voz del Capitán Flint gritándome en los oídos:

«¡Piezas de a ocho! ¡Piezas de a ocho!»

La niña que se va al mar

DE RAFAEL ALBERTI

¡Qué blanca lleva la falda
la niña que se va al mar!

¡Ay niña, no te la manche
la tinta del calamar!

¡Qué blancas tus manos, niña,
que te vas sin suspirar!

¡Ay niña, no te las manche
la tinta del calamar!

¡Qué blanco tu corazón
y qué blanco tu mirar!

¡Ay niña, no te los manche
la tinta del calamar!

El pescador y su mujer

(Adaptación)

DE LOS HERMANOS GRIMM

Había una vez un pescador que vivía con su mujer en una choza a la orilla del mar. El pescador iba todos los días a echar su anzuelo. Un día pescó un barbo muy grande, el cual le dijo:

–Te suplico, buen pescador, que no me quites la vida; no soy un pez verdadero, soy un príncipe encantado. Déjame vivir y te recompensaré.

–No te preocupes –le dijo el pescador–, pues no haré tampoco otra cosa que dejar nadar a sus anchas a un barbo que sabe hablar.

Con estas palabras, lo echó al agua y el barbo se sumergió en el fondo, hasta perderse de vista. El pescador volvió a la choza con su mujer.

–Marido mío –le dijo–, ¿no has pescado hoy nada?

–No –contestó el marido–, he pescado un barbo que me ha dicho ser un príncipe encantado y le he dejado nadar.

–¿No le has pedido nada para ti? –replicó la mujer–. ¡Ah! Es tan triste vivir en una choza sucia e infecta como ésta. Vuelve y llama al barbo, dile que quisiéramos tener una casa pequeñita, pues nos la dará de seguro.

Al marido no le gustó mucho esta idea; sin embargo, fue a la orilla del mar, y cuando vio sus reflejos amarillos y verdes, se acercó al agua y dijo:

Tararira ondino, tararira ondino,
hermoso pescado, pequeño vecino,
mi pobre Isabel grita y se enfurece,
es preciso darle lo que se merece.

El barbo avanzó hacia él y le dijo:

–¿Qué quieres?

–¡Ah! –repuso el hombre–, mi mujer no está contenta con vivir en una choza de juncos, quisiera mejor una casa de madera.

–Puedes volver –le dijo el barbo–, pues ya la tiene.

Volvió el marido y en lugar de la choza había una casa pequeña, y su mujer estaba a la puerta sentada en un banco. Le cogió de la mano y le dijo:

–Entra y mira: esto es mucho mejor.

Entraron los dos y hallaron dentro de la casa una bonita sala y una alcoba donde estaba su lecho, un comedor y una cocina llena de loza y recipientes de cobre para cocinar. Detrás había un patio pequeño con gallinas y patos, y un canastillo con legumbres y frutas.

Transcurrieron ocho o quince días, pero al fin dijo la mujer:

–¡Escucha, marido mío: esta casa es demasiado estrecha, y el patio y el huerto son tan pequeños!... El barbo hubiera debido en realidad darnos una casa mucho más grande. Yo quisiera vivir en un palacio de piedra; ve a buscar al barbo; es preciso que nos dé un palacio.

–¡Ah!, mujer –replicó el marido–, esta casa es muy cómoda, ¿de qué nos serviría vivir en un palacio?

–Ve –dijo la mujer–, el barbo puede muy bien hacerlo.

–No, mujer –replicó el marido–, el barbo acaba de darnos esta casa, no quiero volver, temería importunarle.

–Ve – insistió la mujer–, puede hacerlo y lo hará con mucho gusto; ve, te digo.

El marido sentía en el alma dar este paso, y no tenía mucha prisa, pues se decía: «No me parece bien»; sin embargo obedeció.

Cuando llegó cerca del mar, el agua tenía un color de violeta y azul oscuro; sin embargo, reinaba la más completa calma. El pescador se acercó y dijo:

Tararira ondino, tararira ondino,
hermoso pescado, pequeño vecino,
mi pobre Isabel grita y se enfurece,
es preciso darle lo que se merece.

–¿Qué quiere ahora tu mujer? –dijo el barbo.

–¡Ah! –dijo medio turbado–, quiere habitar en un gran palacio de piedra.

–Vete –replicó el barbo–, la encontrarás a la puerta.

Marchó el marido, creyendo volver a su morada; pero cuando se acercaba a ella, vio en su lugar un gran palacio de piedra. Su mujer, que se hallaba en lo alto de las gradas, iba a entrar dentro; le cogió de la mano y le dijo:

–Entra conmigo.

La siguió. Tenía el palacio un inmenso vestíbulo, cuyas paredes eran de mármol; numerosos criados abrían las puertas con gran estrépito delante de ellos; las paredes resplandecían con los dorados y estaban cubiertas de hermosas colgaduras; las sillas y las mesas de las habitaciones eran de oro; se veían suspendidas de los techos millares de arañas de cristal, y había alfombras en todas las salas y piezas; las mesas estaban cargadas de los vinos y manjares más exquisitos, hasta el punto que parecía iban a romperse bajo su peso. Detrás del palacio había un patio muy grande, con establos para las vacas y caballerizas para los caballos y magníficos coches; había además un grande y hermoso jardín, adornado de las flores más hermosas y de árboles frutales, y por último, un parque de lo menos una legua de largo, donde se veían ciervos, gamos, liebres y todo cuanto se pudiera apetecer.

–¿No es hermoso? –dijo la mujer.

–¡Oh!, ¡sí! –repuso el marido; quedémonos aquí y viviremos muy contentos.

–Ya reflexionaremos –dijo la mujer–, durmamos primero.

Y se acostaron.

A la mañana siguiente despertó la mujer siendo ya muy de día y vio desde su cama la hermosa campiña que se ofrecía a su vista; el marido se estiró al despertarse; le dio ella con el codo y le dijo:

–Marido mío, levántate y mira por la ventana; ¿ves?, ¿no podíamos llegar a ser reyes de todo este país? Corre a buscar al barbo y seremos reyes.

–¡Ah!, mujer –repuso el marido–, ¿y por qué hemos de ser reyes? Yo no tengo ganas de serlo.

–Pues si tú no quieres ser rey –replicó la mujer–, yo quiero ser reina. Ve a buscar al barbo: yo quiero ser reina.

–¡Ah!, mujer –insistió el marido–; ¿para qué quieres ser reina? Yo no quiero decirle eso.

–¿Y por qué no? –dijo la mujer–. Ve al instante; es preciso que yo sea reina.

El marido fue muy apesadumbrado de que su mujer quisiese ser reina. «No me parece bien, no me parece nada bien. No quiero ir», pensaba para sí, y sin embargo fue.

Cuando se acercó al mar, estaba de color gris y tenía un olor fétido; se acercó y dijo:

Tararira ondino, tararira ondino,
hermoso pescado, pequeño vecino,
mi pobre Isabel grita y se enfurece,
es preciso darle lo que se merece.

–¿Y ahora qué quiere tu mujer? –dijo el barbo.

–¡Ah! –contestó el marido–, quiere ser reina.

[…]

–¿Cómo? –dijo el barbo–, ¿sigue sin estar contenta? Vuelve a casa. Tu mujer tiene lo que se merece.

Volvió a su casa y vio que todas las riquezas se habían desvanecido y su mujer estaba sentada a la puerta de la vieja choza.

Yo en el fondo del mar

DE ALFONSINA STORNI

En el fondo del mar
hay una casa de cristal.

A una avenida
de madréporas
da.

Un gran pez de oro,
a las cinco,
me viene a saludar.

Me trae
un rojo ramo
de flores de coral.

Duermo en una cama
un poco más azul
que el mar.

Un pulpo
me hace guiños
a través del cristal.
En el bosque verde
que me circunda
–din don... din dan–
se balancean y cantan
las sirenas
de nácar verdemar.

Y sobre mi cabeza
arden, en el crepúsculo,
las erizadas puntas del mar.

El Pequeño Bocina

(Fragmento)

HARDIE GRAMATKY

Flotando el Pequeño Bocina río abajo, sin rumbo, su tristeza creció y creció hasta que se sintió completamente desgraciado. Tan profundamente hundido estaba en su propia desesperación que ni siquiera se percató de que había oscurecido y el viento se había convertido en una auténtica tormenta.

De repente oyó un sonido que no era como los que había oído anteriormente: el océano. El gran océano que el Pequeño Bocina no había visto nunca. Y el sonido provenía de las olas cuando chocaban contra las rocas.

Pero eso no era todo. Hacia el oscuro cielo subía un cohete en llamas.

Cuando el Pequeño Bocina miró detenidamente vio, atorado entre dos rocas gigantescas, un transatlántico que su padre había remolcado río arriba muchas veces.

Realmente era una visión terrible…

¡El Pequeño Bocina experimentó una excitación salvaje! Empezó a soltar aquellas tontas bocanadas de humo por la chimenea… Y cuando lo hizo, tuvo una idea maravillosa. ¡Esas nubes de humo se podían ver río arriba donde estaban su padre y su abuelo! Así que hizo una señal…

Naturalmente, ellos no tenían ni idea de quién hacía las señales pero sabían que quería decir: *Venid rápidamente.* Así que dejaron inmediatamente lo que estaban haciendo para correr al rescate.

De muchos muelles partió una gran flota –barcos grandes, enormes, pequeños– con el gran Bocina a la cabeza como un almirante al mando de su flota...

Casi a tiempo, también, porque el Pequeño Bocina, todavía resoplando sus S.O.S., se mantenía a flote con dificultad.

Antes de que pudiera expulsar el agua salada por la chimenea, otra ola le invadía y le sacudía de nuevo… Parecía que nunca se hubiera agachado.

Todo resultaba bastante horrible para un remolcador que estaba acostumbrado a las tranquilas aguas del río. Lo que lo hacía terrible era el hecho de que, fuera del alcance de su vista, cuando era tomado por una ola, el Pequeño Bocina veía que la flota no era capaz de avanzar en aquel violento mar.

Incluso el abuelo Bocina pensaba que nunca había visto una tormenta tan espantosa.

El Pequeño Bocina estaba verde de miedo…

Algo debía de hacerse, pero todo lo que el Pequeño Bocina había aprendido a hacer era soltar aquellas ridículas nubes de humo.

En el lugar donde se encontraba, el canal era como el estrecho cuello de una botella con todo el océano intentando llegar a la vez a raudales.

Por eso la flota no podía llegar. Simplemente, la fuerza del mar, les hacía retroceder…

De hecho, estaban a punto de abandonar cuando, de pronto, más allá de la tormenta oyeron una alegre y familiar bocina…

Era el Pequeño Bocina. No perdía fuerzas peleándose con las olas como habían hecho ellos, rebotando de cresta en cresta, como una pelota de goma. Los golpes le dolían pero el Pequeño Bocina continuaba resistiendo.

Y cuando el gran Bocina miró al mar con sus prismáticos vio a la tripulación de un gran barco echando un cable al Pequeño Bocina.

Era una bonita escena. Cuando el cable estuvo echado, el Pequeño Bocina esperó durante un largo instante…

Y entonces, cuando una ola gigante cayó bajo el transatlántico, dejándolo libre de rocas, tiró de él con todas sus fuerzas. ¡El transatlántico estaba libre!

La gente, a bordo, empezó a aplaudir… Y toda la flota de remolcadores insistió en escoltar al Pequeño Bocina hasta el puerto.

¡El Pequeño Bocina era un héroe! Y el abuelo Bocina pregonaba la noticia por todo el río.

Bien, después de aquello, el Pequeño Bocina se convirtió en un socio distinto. Incluso cambió su canción…

Y se dice que puede arrastrar una carga tan pesada como su padre…

… es decir, cuando el gran Bocina no tiene una gran carga que arrastrar.

Pinocho

(Fragmento de «Pinocho en el vientre de la Ballena...»)

DE CARLO COLLODI

Tan pronto como Pinocho dijo adiós a su buen amigo el Atún, se puso a andar a tientas en medio de aquella oscuridad, dentro del vientre de la Ballena, encaminando sus pasos hacia aquella pequeña claridad que se vislumbraba a lo lejos.

Caminando, advertía que sus pies chapoteaban en un charco de agua grasienta y resbaladiza, cuya agua despedía un olor fuerte y penetrante como el pescado frito.

Cuanto más avanzaba, más precisa se distinguía la luz; hasta que después de caminar y más caminar, por fin llegó, y cuando hubo llegado... ¿qué encontró? Adivinadlo si podéis; encontró una mesita puesta, con una vela encendida encima, encajada en el cuello de una botella de cristal verde, y, sentado a la mesa, a un viejecito muy blanco, como si fuese de nieve o nata batida, el cual estaba allí masticando algunos pececitos vivos, tan vivos, que, a veces, mientras se los comía, se le escapaban de la misma boca. Al verlo, el pobre Pinocho tuvo una alegría tan grande y tan inesperada, que por poco se vuelve loco. Quería decir mil cosas, en lugar de ello, sólo emitía y balbuceaba confusamente palabras truncadas e incoherentes. Por fin pudo lanzar un grito de alegría y, abriendo los brazos y echándose al cuello del viejecito, empezó a exclamar:

–¡Oh, padrecito mío! ¡Por fin os encuentro! ¿ahora ya no os dejaré más, nunca más!

–Pero ¿entonces mis ojos no me engañan? –replicó el viejecito restregándoselos–. ¿Eres tú realmente mi querido Pinocho?

–¡Sí, sí, soy yo mismo! Y vos me habéis perdonado ya, ¿verdad? ¡Oh, padrecito mío, qué bueno sois! [...] ¡Y pensar que yo, en cambio...! ¡Oh, si supierais cuántas desgracias me han ocurrido y lo mal que ha salido todo! Figuraos que el día en que vos, pobre padrecito, con el dinero de la venta de vuestra casaca, me comprasteis el Abecedario para ir a la escuela, yo me escapé para ir a ver a los títeres [...] y entonces se me escapó una mentira y la nariz empezó a crecerme y no cabía ya por la puerta de la habitación [...]. Al ser puesto en libertad, vi un racimito de uva muy hermoso en una viña, y allí me quedé preso en un cepo, y el aldeano, con toda la razón, me puso un collar de perro para que vigilase el gallinero [...] y el Palomo, al ver que lloraba, me dijo: «He visto a tu padre, que estaba fabricándose una barquita para ir a buscarte». Y yo le dije: «¡Oh, si yo también tuviese alas!», y él me dijo: «¿Quieres ir con tu padre?», y yo le dije: «¡Ojalá! Pero ¿quién me llevará?». Y él me dijo: «Ya te llevaré yo», y yo dije: «¿Cómo?», y él me dijo: «Móntate encima de mí», y así volamos toda la noche, y después, a la mañana, todos los pescadores que miraban el mar me dijeron: «Hay un pobre hombre en una barquita que está a punto de hundirse». Y os hice señas de que volvieses a la playa...

–Yo también te reconocí –dijo Gepeto–, y habría vuelto muy a gusto a la playa, mas ¿cómo hacerlo? El mar estaba muy picado y una oleada hizo zozobrar la barquita. Entonces, una terrible Ballena que estaba por allí cerca, tan pronto como me vio en el agua, vino inmediatamente a mi encuentro y, sacando la lengua, me agarró sin ningún miramiento y se me engulló como si hubiera sido una pasta de té.

–¿Y cuánto tiempo hace que estáis encerrado aquí dentro? –preguntó Pinocho.

–Desde aquel día hasta hoy, han pasado dos años. ¡Dos años, Pinocho mío, que me han parecido dos siglos!

–¿Cómo os habéis arreglado para vivir? ¿Dónde habéis encontrado la vela? ¿Y las cerillas para encenderla, quien os las ha dado?

–Ahora te lo explicaré todo. Has de saber que aquella misma tormenta que hundió mi barquita, hizo zozobrar también a un barco mercante. Los marineros se salvaron todos, pero el vapor se fue a pique, y la misma Ballena, que aquel día tenía un apetito excelente, después de habérseme tragado a mí, se tragó también al buque....

–¿Cómo? ¿Se lo tragó todo de un bocado?... –preguntó Pinocho maravillado.

–Todo de un bocado; escupió únicamente el palo mayor, que se le había quedado entre los dientes como si fuera una espina. Para mi fortuna, aquel barco estaba cargado de carne conservada en latas, de galletas, o sea de pan de marinero, de botellas de vino, de pasas, de queso, de café, de azúcar, de velas y de cajas de cerillas. Con toda aquella gloria de Dios he podido sostenerme dos años; pero hoy estoy ya en las últimas: hoy, en la despensa, ya no hay nada, y esta vela que ves encendida es la última que me queda...

–¿Y después?...

–Después, hijo mío, nos quedaremos los dos a oscuras.

–Entonces, padrecito mío –dijo Pinocho–, no hay tiempo que perder. Hay que pensar en huir en seguida de aquí...

–¿Huir?... ¿Y cómo?

–Escapándonos por la boca de la Ballena y echándonos a nado al mar.

–Eso está muy bien para ti, pero yo, querido Pinocho, no sé nadar.

–¿Qué importa? … Vos montaréis a caballo sobre mis espaldas, y yo, que soy un buen nadador, os llevaré sano y salvo hasta la playa.

–¡Ilusiones, hijo mío! –replicó Gepeto, moviendo la cabeza y sonriendo melancólicamente–. ¿Te parece posible que un polichinela como tú, que apenas mide un metro de estatura, pueda tener tanta fuerza como para llevarme a nado sobre sus espaldas?

–¡Probémoslo y veréis! De todos modos, si está decretado por el cielo que debemos morir, tendremos al menos el gran consuelo de morir abrazados juntos.

Y sin añadir más, Pinocho cogió la candela, y adelantándose para alumbrar, dijo a su padre:

–Seguidme y no tengáis miedo.

Así anduvieron un gran rato, atravesando casi todo el cuerpo de la Ballena. Pero cuando llegaron al sitio donde empezaba el gran cuello del monstruo, pensaron que lo mejor era detenerse con objeto de dar una ojeada y escoger el momento oportuno para la huida.

Es preciso que os diga antes que la Ballena, como iba siendo ya muy vieja y sufría de asma y de palpitaciones del corazón, se veía obligada a dormir con la boca abierta; por lo cual Pinocho, asomándose por el nacimiento de la garganta y mirando hacia arriba, pudo ver, a través de aquella enorme boca abierta, un hermoso trozo de cielo estrellado y una bellísima claridad lunar.

–Éste es el momento oportuno para escaparnos –cuchicheó entonces dirigiéndose a su padre–. El pez duerme como un lirón; el mar está tranquilo y se ve como si fuese de día. Venid, pues, padrecito, detrás de mí, y dentro de poco estaremos a salvo.

Dicho y hecho, subieron por la garganta del monstruo [...].

Atravesaron toda la lengua y salvaron las tres hileras de dientes. Pero antes de dar el gran salto, el polichinela dijo a su padre:

–Montad a caballo sobre mis espaldas y abrazadme fuerte. De todo lo demás me encargo yo.

Tan pronto como Gepeto se acomodó lo mejor que pudo sobre las espaldas de su hijito, Pinocho, seguro de sí mismo, se arrojó al agua y empezó a nadar. El mar estaba tranquilo como una balsa de aceite, la luna resplandecía con toda su claridad y la Ballena seguía durmiendo con un sueño tan profundo que no lo habría interrumpido un cañonazo.

Elegía del niño marinero

DE RAFAEL ALBERTI

[...]

Tendió las redes, ¡qué pena!,
por sobre la mar helada.
Y pescó la luna llena,
sola, en su red plateada.

[...]

¿Qué harás, pescador de oro,
allá en los valles salados
del mar? ¿Hallaste el tesoro
secreto de los pescadores?

¡Deja, niño, el salinar
del fondo, y súbeme el cielo
de los peces, y, en tu anzuelo,
mi hortelanita del mar!

El Barquito Chiquitito

(Canción infantil)

Había una vez un barquito chiquitito,
había una vez un barquito chiquitito
que no podía, que no podía, que no podía navegar,
pasaron un, dos, tres,
cuatro, cinco, seis semanas;
pasaron un, dos, tres,
cuatro, cinco, seis semanas,
y aquel barquito y aquel barquito
y aquel barquito navegó.

Agradecimientos

Queremos dar las gracias a los siguientes propietarios de los derechos cuya cooperación ha hecho posible esta recopilación única. Se ha tenido un cuidado especial en dar con los derechohabientes de estas selecciones y citar las correspondientes menciones. En caso de que algún error u omisión se haya producido, se corregirá en las ediciones posteriores, siempre y cuando se haya enviado su notificación al editor.

Sobrecubierta	Norman Ault, *La costa del país de los sueños*, 1920.
Guardas	Christian Schuessele y James Sommerville, *Vida en el océano*, 1899.
Portada	B. F. Leizalt, *John Paul Jones en combate*, 1781.
Portadilla	Courtney Allen, *Scamper Bay*, 1883.
Detalle portadilla	F. M. S., *Días de infancia*, 1887.
Detalle página créditos	Lisl Hummell, *Más poemas para Peter*, 1931.
Prefacio	Q. L., *Días de infancia*, 1887.
Índice	Anónimo, *Pasos en la arena*, de *Chatterbox*, 1907.
	Anónimo, *Días de infancia*, 1887.
13	Maxfield Parrish, *Farero*, 1922.
14-15	John Tenniel, *Alicia a través del espejo*, 1872.
16	M., *Barbanegra*, sin fecha.
19	Florence Harrisson, *Tennyson's Guinevere y otros poemas*, 1912.
20	Maxfield Parrish, *Mares de Arabia*, 1910.
22	H. J. Ford, *Entretenimientos de las Mil y Una Noches*, 1878.
24	Detalle anónimo, sin fecha.
25	Tarjeta postal anónima, circa 1930.
26	Detalle anónimo, circa 1940.
27	Michael Diemner, Sin título, sin fecha.
28	Henry C. Pitz, *Veinte mil leguas de viaje submarino* circa 1950.
31	Edouard Riou, *Veinte mil leguas de viaje submarino*, 1870.
32	Detalle anónimo, sin fecha.
33	Millicent Sowerby, *Un jardín de versos para niños*, 1908.
34	Winslow Homer, *El aviso de niebla*, 1885.
35	Raymond Sheppard, *El Viejo y el mar*, 1952.
36	C. F. Tunnicliffe, *El Viejo y el mar*, 1952.
37	Raymond Sheppard, *El Viejo y el mar*, 1952.
38	C. F. Tunnicliffe, *El Viejo y el mar*, 1952.
39	Raymond Sheppard, *El Viejo y el mar*, 1952.
40	Laura Knight, *Viento y Sol*, 1913.
41	Walter Richard Sickert, *Bañistas en Dieppe*, 1902.
42	Fern Bisel Peat, *Cuentos de la Madre Oca*, 1933.

43 Fred D. Lohman, sin fecha.
44 Detalle anónimo, sin fecha.
45 Childe Hassam, *Puesta de sol en el mar,* 1911.
46 Winslow Homer, *Los constructores de barcos,* 1873.
47 Winslow Homer, *Besando la luna,* 1904.
48 Maxfield Parrish, *El dragón perezoso,* 1901.
49 Charles Robinson, *Alicia en el País de las Maravillas,* 1907.
50 Detalle anónimo, sin fecha.
51 H. Williebeek Le Mair, *Una galería de niños,* 1925.
52 Anónimo, *Eric el Rojo,* sin fecha.
54 Anónimo, viejo mapa escandinavo de Vinland, sin fecha.
55 Grabado anónimo, circa 1900.
56 Maxfield Parrish, *Jasón y su maestro,* 1910.
58 Grabado anónimo de un Argonauta, circa 1865.
59 Maxfield Parrish, *Jasón y el roble parlante,* 1908.
60 Jessie Willcox Smith, *Los niños del agua,* 1916.
63 Jessie Willcox Smith, *Los niños del agua,* 1916.
64 Anónimo, *Días de infancia,* 1887.
65 Byam Shaw, *El libro de cuentos para niños del viejo rey Cole,* sin fecha.
66 Detalle desconocido, sin fecha.
67 Howard Pyle, *Stolen Treasure,* 1907.
69 Grabado anónimo, circa 1900.
70 Konstantin Bogayevsky, *Barcos a la puesta de sol,* 1912.
71 E. S. Hardy, *Cuentos de Hans Christian Andersen*, sin fecha.
72 Arthur Rackham, *Cuentos de Hadas de H. C. Andersen,* 1932.
73 W. Heath Robinson, *Cuentos de Hadas de H. C. Andersen,* 1913.
74 Charles Robinson *Cuentos de Hadas de H. C. Andersen,* 1899.
75 Helen Stratton, *Cuentos de Hadas de H. C. Andersen,* 1899.
76 W. Heath Robinson, *Cuentos de Hadas de H. C. Andersen,* 1913.
77 Edmund Dulac, *Cuentos de Hadas de H. C. Andersen,* 1911.
78 Cartel de la película *Los diez mandamientos,* 1959.
79 E. Okum, sin fecha.
81 Edouard Riou, *Veinte mil leguas de viaje submarino,* 1870.
82 Edouard Riou, *Veinte mil leguas de viaje submarino,* 1870.
84 Detalle desconocido, sin fecha.
85 Elizabeth Shipper Green, sin fecha.
86 Winslow Homer, *Balandro, Nassau,* 1899.
87 Norman Rockwell, estudio para *Permiso de un marinero,* 1945.
88 Alice Woodward, *Peter Pan,* 1907.
91 Ralph Cleaver, cartel de la producción original, Londres, 1904.
92 Anónimo, *Días de infancia,* 1887.
93 Detalle desconocido, «Poseidón Niño», circa 1880.
94-95 Walter Crane, *Los caballos de Neptuno,* 1892.
96 Detalle desconocido, *Niña con barco,* sin fecha
97 Ruth Cobb, *La regata del yate,* 1920.
99 Anónimo, *Series de cómics clásicos ilustrados,* circa 1958.
100 Montague Dawson, Mar *revuelto,* 1887.
103 V. E. Nister, *Robinson Crusoe,* 1885.
104 Detalle anónimo, sin fecha.
106 Howard Pyle, *Piratas,* sin fecha.